永遠的情人
The Lover
莒哈絲
Marguerite Duras（修訂版）

王筱瑩 —— 著

瑪格麗特・莒哈絲，
20世紀最燦爛的文壇之星、
永不凋謝的法國之花
她的一生無論如何波折，
圍繞的主題始終是一個「愛」字
這就是文學界眼中「永遠的情人」
——莒哈絲

永遠的情人莒哈絲（修訂版）

目錄

莒哈絲生平

關於莒哈絲

前言：這就是一切

第一章　厚顏無恥的人

    多納迪厄 12

    河內之變 20

    中國和金邊 25

    爭產風波 32

第二章　抵擋太平洋的堤壩

    下一站：永隆 40

    總督夫人和女乞丐 45

    水稻女王的泡影 50

    禁忌之愛 57

第三章　中國北方來的情人

    湄公河的男人 66

永遠的情人莒哈絲（修訂版）

  中國城裡的小房子 73
  分道揚鑣 83
  隱祕的墮胎 87

第四章 年輕姑娘和小孩

  讓和副省長的公子 94
  要嫁給你 100
  喪子之痛 107
  迪奧尼斯 110

第五章 痛苦

  殷勤的陷阱 118
  懷孕了，孩子不是他的 130
  我愛您，再見 136
  撒謊的男人 141

第六章 揚・安德莉亞・斯泰奈

  80年夏 148
  來特魯維爾吧 156
  永遠的情人 171

莒哈絲著作列表

莒哈絲生平

1914年4月4日，瑪格麗特‧多納迪厄（即莒哈絲）出生於越南南部的嘉定（今胡志明市），父母都是教師。

1921年，她的父親去世。

1924年，她母親在波雷諾（今柬埔寨）買了一塊不能耕種的土地，從此債台高築。

1932年，她回到法國讀大學。

1939年，她和羅貝爾‧昂泰爾姆結婚。

1940年—1942年，她跟菲力浦‧羅克合作，在伽利瑪出版社出版《法蘭西帝國》。而她自己創作的《塔納朗一家》卻遭到伽里瑪出版社的拒絕。同年，她和迪奧尼斯‧馬斯科洛相識。

1943年，她首次用瑪格麗特‧莒哈絲的筆名發表了《厚顏無恥的人》。其後，她參加弗朗索瓦‧密特朗領導的抵抗運動。

1944年，昂泰爾姆被捕關進集中營。同年，莒哈絲加入了法國共產黨，出版《自由人報》，刊登戰俘和被放逐者的情況材料。同年，發表《平靜的生活》。

1945年，昂泰爾姆從集中營回來。隨後，兩人一起創建了萬國出版社。

1946年，她和昂泰爾姆離婚。

永遠的情人莒哈絲（修訂版）

1947 年，她的兒子讓·馬斯科洛出生。

1950 年，莒哈絲被開除出法國共產黨。同年，發表《抵擋太平洋的堤壩》。

1955 年起，她為各種週刊和雜誌撰稿。

1957 年，她和馬斯科洛分居。

1958 年，發表《慢板如歌》。

1959 年，為阿蘭·雷內寫《廣島之戀》電影劇本。

1968 年，她參加了「五月風暴」的那些事件。

1975 年，《印度之歌》在坎城影展期間獲法國藝術片影院及實驗電影院協會獎。

1976 年，《整天在樹木之中》獲讓·科克托獎。

1982 年，在納伊的美國醫院進行戒毒治療。

1984 年，《情人》獲龔固爾文學獎。

1985 年，發表《痛苦》。7 月 17 日，她在《解放報》上發表一篇文章，瑪格麗特·莒哈絲在「魏爾曼案件」中所持的立場引起一部分讀者的敵對情緒和好幾位女權主義者的論戰。

1986 年，《情人》獲巴黎-里茨-海明威獎，是「當年用英語發表的最佳小說」。

1988 年—1989 年，莒哈絲嚴重昏迷後住院。

1991 年，發表《中國北方來的情人》。

1996 年，瑪格麗特·莒哈絲逝世。

關於莒哈絲

　　沒有感性的天才，就不會有莒哈絲《情人》那樣的傑作。問世不久，一下就出了四種譯本，好評不絕於耳。這將是傳世之作，不是用現世的道德標準來評判。憑良心說，除莒哈絲的《情人》之外，近十幾年來，我沒讀到過什麼令人滿意的小說。《情人》解決的是有關小說自身的疑惑。這本書的絕頂美好之處在於它寫出了一種人生的韻律。書中的性愛和生活中別的事件，都按一種韻律來組織，使我完全滿意了。

──王小波

　　莒哈絲的黑白照片在封面上仿佛時光的印記，帶著傷痛的平靜。我一本一本買，從未厭倦。即使在現在這樣一個有人把談論莒哈絲當作俗套的時候，我依然想獨自談論她，或者和別人討論她。

　　絕望的性愛，無言的別離。莒哈絲寫盡了愛情的本質，不會再有更多，就好像深愛一個人，到了盡頭，突然發現自己如此孤獨。

──安妮寶貝

　　莒哈絲，她是一個活潑、勇敢、有激情的女人。

──【法】弗朗索瓦·密特朗（前法國總統）

永遠的情人莒哈絲（修訂版）

在她的寫作中，有一種來自裡邊的源泉，從肺腑最裡面湧上來，一種來自德爾菲神殿的天籟之泉。她的寫作迷住我、佔有我。對我來說，這就是詩意。瑪格麗特本人就是詩意。

──【法】艾德嘉・莫杭（法國當代著名思想家）

如果說瑪格麗特・莒哈絲依然確信自己是「野性和出人意料」的作家，她並不諱言所遇到的羈絆和障礙。她再也寫不了「令她沮喪的事」，說得很確切。她徒勞活著，寫著，最後一本書的失態是一個禁閉的閘門，語言衝破閘門奔湧而出，這是一座堤壩，把她和從前的她阻隔開來，她仍是她自己，但已經變成了另一個。

──【法】克利斯蒂安娜・布洛─拉巴雷爾（法國傳記作家，《莒哈絲傳》作者）

莒哈絲永遠是個謎。要麼熱情如火，要麼冷若冰霜。她不是一個普通的朋友，她像一座燈塔，照亮了我的生命，不管狂風暴雨，都放出自己的光芒。

──【法】米謝勒・芒梭（法國著名記者、作家、歌手，曾任內閣部長）

一位譯者強調了莒哈絲對日本作家的影響。他舉的例子是年輕的女小說家鹿島田真希，她獲 2005 年「三島由紀夫小說獎」的《六千度的愛情》似乎是從《廣島之戀》和《情人》中汲取的靈感。

──【日】谷口正子（日本學者）

前言：這就是一切

陌上花開，一念紅塵，擎一莖荷香，尋覓一抹月暈的昏黃。

人世間，光陰數載，浪裡沉浮，誰會記得被風吹起的衣角、飛舞的髮絲、綻放的迷濛。

回首往昔，湄公河畔，你是筆下回眸的傾城，不經意間，流轉了百年時光。

風月如畫，似水流年，你化作情淺緣深的一闋，與百花揮別，與秋霜寂寞，飄零如楓葉的遷徙，輕盈似冬雪的邂逅。

拾掇記憶，前一世，她倦臥紅塵，貪戀一腔柔情。那些曾經被清風錯翻的故事，在書頁間低吟淺唱。

有人說，她是全世界最淫靡的女人，她卻無懼於荼毒加身，桀驁不馴，游弋於文字間。千山萬水，百轉柔腸，那支纖弱的素筆，道盡了悲喜冷暖。

她是丘比特箭下的追愛精靈，熱情似火。她跨越在禁忌的河流，羈絆她的不是罪孽，而是一晌貪歡。如花般次第開放，又悄悄落盡。

原以為在一起就是永恆，卻沒想到愛而不得，漸行漸遠。淚落無聲，只將這漫漫的相思化作一紙素箋。

她清冷如孤傲的燈塔，豪放不羈，天性獨然。雖世事洞明，卻

永遠的情人莒哈絲（修訂版）

執念於愛的回應，故而被不甘與不舍所捆縛。她舔舐著傷痛，放蕩不羈也變成苦澀的頹敗，最後還是輸給了時間，輸給了多情。

　　她種下希望，卻愈見憂傷。誰會是最終的一個，不得而知。

　　當她老去，不再傾城。而他，卻更愛她備受摧殘的容顏。

　　世間事，除了生死，哪一樁不是閒事。她嘗盡人世間的顛沛流離，而傾注一生的愛情也從未停息。時光荏苒，回憶成詩。日月消磨中，那些淚眼婆娑的緣分，從此不再⋯⋯

　　這就是她的一切。

　　她是莒哈絲。

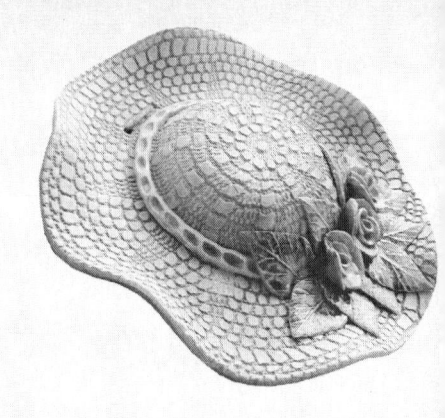

第一章　厚顏無恥的人

《莒哈絲語錄》

　　我從來沒有和任何人說過些什麼。關於我的一生，我的憤怒，還有瘋狂奔向歡娛的這肉體，我什麼也沒有說，關於這黑暗之中，被藏起來的詞。我就是恥辱，最大的沉默。我什麼也沒有說。我什麼也不表達。本質上什麼也沒有說。一切就在那裡，尚無名稱，未經損毀。

永遠的情人莒哈絲（修訂版）

多納迪厄

　　在光陰裡沉睡百年，在遺忘的書頁間漸漸甦醒，那裡有椰林樹影，還有水清沙白。

　　歷史的馬蹄逐浪而過，踏印難尋。掩卷冥想那個傳奇的女子，她有一半的靈魂在印度支那，在一個叫越南西貢的地方。那個人，名叫瑪格麗特・莒哈絲。

　　相較於張愛玲，莒哈絲是典型的大器晚成。二十世紀風起雲湧，她用狂熱的筆墨犁鏵開荒破土，用跌宕的人生書寫絕代風華，用萬千的柔情譜寫驚世之作。

　　她是凝結在娉婷清荷下的珠淚，濃縮著花的含羞、葉的傲骨、風的多情、雨的悲涼⋯⋯

　　她是曼妙婀娜的叢林女孩，與山嬉戲，與風共舞，遺世獨立，臨水照花。從默默無聞到享譽海外，有誰記得那些未曾被知曉卻要用一生解答的過往，轉眼已往事百年。

　　1914年4月4日，印度支那嘉定市出生了一位名叫瑪格麗特・多納迪厄的女孩，她在作品裡回憶說：「也許你不曾記得我，但我卻認識你，我也愛著你，我愛你一個世紀前被革命、戰火與汗血玷汙的肌膚，但我更愛你如今朝氣、年輕、混亂卻充滿彈性的容顏。」

第一章　厚顏無恥的人
多納迪厄

去過越南的人都說，越南的北方像中國，南方像法國。而她愛的這個容顏，正是如今被稱為東方小巴黎的胡志明市。

胡志明市，這座越南最大的城市和工商業中心，舊日的法國風情依舊隨處可見。歷經二十多年革新開放，工業總產值已占越南全國的四分之一，正以它頑強的生命力在持續蛻變著。那些經過時間淬煉依舊屹立不動的建築，印證著這裡的厚重。

這裡的人，或多或少，都有些法國式的自由與浪漫的情懷。很多人因莒哈絲而重新認識越南，也因莒哈絲而去聯想當時的西貢。

那時的嘉定位於西貢河和湄公河之間，西貢河全長約二百二十五公里，源出柬埔寨東南部的當村附近，向南再折轉向東南，沿著西貢的東緣流淌，最後注入爭萊灣。而湄公河是東南亞最大的河流，發源於中國唐古喇山的東北坡，它的上游，在中國境內被稱為瀾滄江。湄公河總長四千一百八十公里，自北向南，流經緬甸、泰國、老撾、柬埔寨和越南，在越南胡志明市以東，經九個河口入南海，故其入海河段又名九龍江。

渾濁的湄公河，浩浩蕩蕩，像是飢渴的盤蛇蜿蜒於此，它映照著莒哈絲的童年，也見證著她的成長。在渡船的舷牆前，她穿著茶褐色真絲裙衫，被風拂動，淺露酥胸，踏著雙鑲金條帶的高跟鞋，戴著頂玫瑰色的男士帽。正是在這條湄公河上，她邂逅了自己的東方情人。

現在，就讓我們走進那個生活在西貢歲月裡的莒哈絲。

月牙梳鬢，遊廊裡幾個孩童在月光下看書。搖椅上的母親拿著

永遠的情人莒哈絲（修訂版）

香扇漸漸力不從心，開始有些昏昏欲睡。僕人竊竊私語，打攪著這份恬靜的夜幕。清晨，群鳥撲閃著翅膀飛過湄公河，霞光漸顯，粼粼波光閃爍在湄公河上，忽明忽暗，一派別樣的妖嬈。小船穿梭，伴著淙淙流淌的水聲，在水雲間梳洗著未被雕琢的景緻。她伸出手，撥開雜亂的草叢，走向靜謐的黑色。握著小哥哥暖暖小小的手掌，童年的噩夢褪淡了許多，像是食人花美豔的那一簇，抑或是抵死纏綿的螳螂最後的吞噬。奔跑，攀爬，窺視，完全不是法國田園裡嫺靜的女子，她是潛伏在印度支那充滿野性的鄉野女孩。

她出生在這裡，放眼望去，有一片綠帶垂穗的稻子和深綠掩映的椰樹林，沒有盡頭一般，找不到所謂的分界在何處。這裡永遠在變化著，河水時常會沖毀小堤壩，演變成泥濘不堪，隨後又被陽光曝晒成硬塊。誰都不知道，下一次這裡會變成什麼樣。

河岸種著紅樹，河水拍擊著樹幹，盤結交錯的老樹根裸露著。大象拖著粗重的腳步，猴子自在地盪來盪去，野豬盲目四竄……這些都是日後莒哈絲筆下的印度支那。而當時的她，喜歡在河邊撒歡地奔跑，衝進河裡，用清涼的河水沖洗著黏濕的汗和那緊密濡濕貼在身體上的悶熱感。纏繞的樹藤連同枝椏伸展在天幕上。席地而坐，雙手捧著樹上剛敲下的金色芒果，鮮黃的甜汁黏糊糊地留在嘴唇上。

「我們吃水果，打野獸，赤腳在小路上走，在河裡游泳，去抓鱷魚，那時我才十二歲……」鱷魚是很常見的，據說烤鱷魚尾是當地比較多見又相對划算的菜餚，因為鱷魚在尾巴掉後能在水裡很快

第一章　厚顏無恥的人
多納迪厄

再生出一條新的尾巴。

父親早逝，十二歲的她生活在單親家庭，但從這段話中可以看出，那時候的她，無憂無慮。

從1943年《厚顏無恥的人》到1995年的《這就是一切》，無不談到母親、哥哥、小哥哥。如果沒有小哥哥的存在，她是否會毫無留戀地逃離而去？這個不得而知。

莒哈絲原名瑪格麗特・多納迪厄，在這裡我們暫且簡稱她為瑪格麗特。她的父母其實都是二次婚姻。

她的父親亨利在世時，最初擔任嘉定（越南西貢）師範學校的校長兼數學老師。瑪麗當時是西貢市立女子學校的一名臨時教師，因為工作上的接觸，一來二往，風流多情的英俊校長愛上了臨聘的女教師。正在這時候，他的妻子因患瘧疾而病危，正瀕臨人生的終點。而女教師也收到家中來信，得知前夫已故。隨後，二人無所顧忌，終於在1909年10月20日這一天結婚，此刻，亨利的前妻阿麗絲去世不過才五個月。

阿麗絲育有兩子，婚後的瑪麗成為了他們的後母。相對於之後所發生的事件，顯然她並沒有扮演好繼母的角色。

他們的再婚並沒有得到身邊人的祝福，甚至有人寫信給殖民地的部長說：「您怎麼能讓這樣一位聲譽敗壞、精神萎靡的多納迪厄先生繼續領導西貢的高級學校呢？這個男人聽任自己的妻子在其情婦的手中神祕地死去，還有個醜聞，他的情婦當時已經懷孕了……」經過深思熟慮，當時的部長還是讓人事處重新考慮亨利・

永遠的情人莒哈絲（修訂版）

多納迪厄的日後任命。

　　瑪格麗特的母親是否是介入人家婚姻的第三者？即便她沒有破壞亨利的婚姻，在當地還是少不了閒言閒語，都認為她的作風不檢點。其實，從時間上看，她是結婚一年後生的第一個孩子。他們婚後四年，相繼有了三個孩子，兩個兒子和一個最小的女兒，而那個最小的女兒就是瑪格麗特·多納迪厄。

　　1910年9月7日的凌晨，瑪格麗特的大哥皮埃爾出生。母親十分溺愛這個大兒子，一直把「高大、英俊、雄健、一個情聖」這些美好的詞彙都送給他。正是因為這種溺愛，皮埃爾長大後成了惡棍，令瑪格麗特和她的小哥哥充滿恐懼，但母親卻一味地縱容。這個家庭後來因為他的存在，變得不公，而且暴力。因為她恨她的大哥，讓她有了要殺死他的想法，無論是身心還是筆觸，她都不遺餘力地想殺死他。這是後話。

　　皮埃爾出生的一年後，保爾出生了。他是瑪格麗特生命中最為珍惜的親人，她心心念念的小哥哥。她在乎他，憐憫他，依靠他，小哥哥是她苟延殘喘下活在這個所謂叫「家」的唯一理由，他們惺惺相惜。

　　對於出生，瑪格麗特無從選擇。暴力冷漠的母親，性格迥異的兩個哥哥，是他們塑造了她，一個抗拒傳統、絕不妥協、永遠在叛逆的死角裡散發著激情狂想的莒哈絲。那時候，她還不叫莒哈絲。莒哈絲是她後來取自一個小村莊的筆名。

　　莒哈絲說：「再也沒有比我的童年更乾脆，更實在，更缺少夢

第一章　厚顏無恥的人
多納迪厄

想的了。沒有任何值得想念的地方,沒有一點兒那種在夢幻中度過童年的味道,沒有一點兒傳奇或童話的色彩。」但印度支那的越南風情薰陶了她,正是在湄公河畔,她冶煉了靈感,邂逅了人生的第一筆素材。

《情人》中,莒哈絲曾痛楚地說:「我很幸運,有一個如此絕望的母親,純粹的絕望,即便是生活的幸福感,不管這幸福感有多強烈,也無法完全驅走她的這份絕望。」

莒哈絲的父親在 1921 年 12 月 4 日離開人世,當時年僅七歲的她對父親沒有多少印象,所以她的作品裡,父親的角色鮮有出現。她也寫過:「我不認識我的父親,我七歲時,他死了。他寫過一本關於指數運用的數學書,我弄丟了。他留給我的全部,就是這張照片,以及他死前寄給孩子們的一張明信片。」無論真假,她印象裡關於父親的記憶都是模糊的。

父愛的缺失是她難以填埋的情感空洞,她無法傾訴,只能以更加沉默內向的性格存在,低調且獨立。

瑪麗生下大兒子皮爾埃後,丈夫的身體每況愈下。面對病情,亨利最終選擇帶著妻子和兩個孩子離開西貢去了法國。他們沒有按照事先跟殖民當局保證的時間回到印度支那,而是在 1913 年 4 月 4 日才回到印度支那。

從法國回來後,瑪格麗特的母親瑪麗懷孕了。這是她的第三個孩子,亨利親眼見證了他生命中唯一的女兒的降生。

瑪格麗特六個月的時候,她母親瑪麗患了一場大病,出現「關

永遠的情人莒哈絲（修訂版）

節炎、瘧疾，心臟也不太好，還有腎病」的症狀。在瑪麗患病期間，瑪格麗特由一個越南男孩悉心照料，餵養至八個月後才交給母親。而這時，亨利的病加重，出現了肺出血、腸絞痛，還有恐怖的痢疾。印度支那總督命令他立即回法國。瑪麗不得不面對獨自照顧三個孩子的沉重壓力，還要擔心遠在法國的丈夫的身體狀況。孤立無援的瑪麗變得很孤獨。

瑪格麗特的父親在馬賽醫院努力地接受治療，期盼著早日回到印度支那，結果，戰爭爆發了，他被迫入伍，歸於輔助部門。體弱不堪的亨利完全無法勝任，還是病倒了，癱瘓在床，正因此，他從沒有上過戰場。

對於亨利的長相，軍隊的醫療卡曾這麼描述：「淺栗色的短髮，栗色的瞳仁，開闊的前額，長長的鼻端，橢圓的臉龐。」1919年前後，有一張瑪格麗特的父母和師生們的集體照，其中最顯眼的要數坐在柬埔寨式舊樓石欄杆上的三個孩童，他們一臉稚嫩的表情看著前方，而他們的父親也在照片裡，左腿交疊在右腿上，像個紳士，一臉莊重。

亨利患有「痢疾和慢性瘧疾」這種罕見的交疊疾病，院方讓他從瑪律芒德輾轉到蘭斯的醫院繼續治療，萬幸的是，這次治療很成功，他在1916年9月再次回到了印度支那。這場因疾病和戰爭造

第一章　厚顏無恥的人
多納迪厄

成的分離終於結束。

只有直面過戰爭的人,才能深刻明白和平是多麼來之不易。亨利厭惡戰爭,因為戰爭不能改變什麼,除了血腥,更多的是無可挽回的疼痛。所以,珍惜幸福才是最重要的。

《莒哈絲語錄》

我不知道去了那裡,我在那裡什麼都看不見。儘管我試圖把它趕走,但它緊緊跟著我。一切都被安排好了,一切都會在這歷史的記憶中腐爛,不會有什麼新事物再現。我永遠沉浸在這段歷史裡,這副面孔,這個軀體,這顆頭顱的陷阱中……

永遠的情人莒哈絲（修訂版）

河內之變

　　同是教師的兩個人，為何如此積極回應號召，熱衷於去這樣苦不堪言的殖民地？

　　原來，法國本土有專門的機構宣傳殖民地如何如何好，去了前景無憂，還信誓旦旦地保證能賺到錢。「年輕人，快來殖民地吧，財富在等著你們。」這樣赤裸裸的呼聲誘惑著瑪格麗特的父親，去西貢能讓他從瑪律芒德的一名普通的數學老師躍升至嘉定師範學校的校長，對於渴望改變的人來說，這是質的飛躍。慾望在內心深處咆哮，不管未來如何，這將會是一個全新的開始。瑪格麗特擅長用文學去詮釋母親當初的選擇，「她和一個和她一樣的小學教師結了婚。婚後不久，他們就一道去請求投身殖民地教育，接著被委派到這個叫作『印度支那』的殖民地去了。」

　　那時法國正值二次革命，一切尚在發展階段。滿懷夢想的人總會無限天真地期盼財富的降臨，畢竟遙遠的東方是未被雕琢的璞玉，正等著他們去挖掘。他們相信這個能拯救他們的「殖民計畫」。

　　瑪格麗特的母親在帕德卡萊度過了最悲慘的童年，少時家境貧寒，艱難困苦磨礪著她的意志，她把希望寄託在刻苦學習上，憑藉個人不懈的努力，她以優異的成績考進了師範學校，並且拿到了高

第一章　厚顏無恥的人
河內之變

級教師的資格證書，開始了三尺講台的授課生涯。「我的母親，尤其是作為小學教師的母親，她對教學工作非常認真。我母親和其他教師一道在越南傳播著法蘭西文化。大家都很喜歡她，也許正是因為她的寬容大度。她無法忍受一個孩子因為太貧窮、因為買不起供應品而不能上學。」愛恨交織的瑪格麗特對母親的教育工作給予了肯定。但我們不能標榜這些去殖民地教學的人是多麼偉大，即便教育是光榮神聖的，對現今的越南人來說，這是他們恥辱的一頁。

如若不是身處法屬殖民地，或許還會覺得這是置身在法國的某個地方，瑪格麗特的母親每天照舊去女子學校任職。而後，他們一家人在河內（東京地區）住過一陣子。

瑪格麗特說過：「母親不時宣稱明天去照相。她老埋怨照相太貴，儘管如此，她還是花錢照了全家照。」如果不是瑪格麗特母親對照相的熱衷，我們不會在這些照片中找尋到瑪格麗特幼時的諸多印跡。

瑪格麗特的母親雖然人到中年，但依然可以看到她年輕時的輪廓。光潔的額頭，梳得緊密扎實的髮髻，些許的皺紋在臉上若隱若現，一臉凝重地注視著鏡頭。可以說，她很美，只是歲月讓她美得殘酷。

「那是在河內小湖上一處房子的院子裡拍的。她和我們，她的孩子，在一起合拍的。我四歲。照片當中是母親。我還看得出，她站得很無力，很不穩，她也沒有笑，只求照片拍下就是。她板著面孔，衣服穿得亂糟糟，神色恍惚，一看就知道天氣炎熱，她疲憊無

永遠的情人莒哈絲（修訂版）

力，心情煩悶。」（《情人》）

　　待在河內，瑪麗的心情是煩悶的，原因是她並沒有找到工作。雖然白人在自己國家都很普通，但在越南，他們是人上人，享受優待，可這優待似乎只面向了亨利卻沒有面向瑪麗。亨利是負責河內小學教育的領導，這樣的任命無疑是榮升一級，而瑪麗卻只能等待。

　　就在等待工作降臨而又閒暇無事的時候，發生了一件事，讓瑪麗和女兒之間發生了微妙的變化。這件事使年僅四歲的瑪格麗特過於早熟地跨越了心理上的鴻溝。在1987年的《物質生活》裡，瑪格麗特提及了那個河內：「我從來沒有講到過河內，我也不知道這是為什麼。在永隆之前，先是在河內，時間要早六年，就住在我母親買下的小湖邊上那座房子裡。在那個時候，我母親還招收了幾個寄宿生，幾個年輕的男孩，十二三歲的越南人和老撾人。他們當中有一個孩子，有一天下午，叫我跟他一起到一個『小小躲藏地』去。我不怕，就跟他到那個躲藏地去了。那是在湖邊，在兩間小木屋之間，兩間小木屋想必是附屬於別墅的。我記得那是類似兩側木板隔牆中間一條狹窄的走廊。書中寫的破壞童貞的地點大多是這一類地方。那種繾綣歡樂已經出現，孩子到了知道那種歡快的年齡並且已經接收到那種信號，受到觸發，這在孩子身體內一經出現就永遠也不會忘記。第二天，那個小小年紀的越南人被我母親趕走了，因為我認為我有責任把一切告訴她，對她做出坦白。記憶是清楚的。我被人接觸過，那似乎就是受到汙辱，有失名譽。我才四歲，他十一

第一章　厚顏無恥的人
河內之變

歲半，還沒到青春期。」

　　早熟的舉動改變了兩個人，也改變了瑪格麗特對性的觀念。七十年後，她才用文字詮釋了這個事件。她當時按小男孩說的去撫摸它，記錄著每一瞬間，從未忘卻，直到貪婪的肢體嵌在愈加無力的年歲上。歲月賦予了斑白，這等殘酷，如同孱弱的水滴在烈日驕陽下的揮發。年幼的她，把這件事隱晦地埋葬在心底，包裹得嚴嚴實實，時刻警醒著自己，那上面書寫著自己恥辱般的過去。這是不能說的祕密。

　　「這場景自己在移動。事實上，它和我一道成長，它從未曾離開過我。」打破那純粹的童年，她的青春過早地被干擾，她不好闡述自己身體上被帶來的衝擊，懵懂和恐懼穿梭心間，沒有玩伴的她，身邊就剩下母親是個可以坦白的對象。不知道是要安慰還是一點所謂的理解，瑪格麗特小聲地說明經過後，瑪麗聽後從呼吸急促到面色光火，對自己女兒大聲叱責說：「不要再去想它，永遠永遠不要去想！」

　　瑪麗把越南男孩趕走後，對女兒管束越加嚴厲，只允許女兒在家裡，不許她和陌生人有過多接觸，她認為這樣做就能使瑪格麗特淡忘這件事。但慾望是折磨與暢快的複合體，一旦開啟，就像墜落的撒旦，一切不復如前。

　　「我以後沒有對我母親再講起這件事。她認為我早就把它忘得一乾二淨。她曾經對我說：『不要再去想它，永遠永遠不要去想。』可這件事，我很長時間都在想，就像想到一件可怕的事情一樣。此

永遠的情人莒哈絲（修訂版）

後，又經過很長的時間，我才在法國講給一些男人聽，不過我知道，我母親對這一類遊戲是從來不會忘記的。事實上，它和我同時長大的，從來不曾從我這裡避去。」（《物質生活》）

瑪格麗特‧莒哈絲是個自傳體的作家，這個事件是她在《物質生活》裡闡述出來的。不管真實與否，亨利確實在1920年初被委派到金邊（柬埔寨），而之前的1918年到1919年的時間裡，他女兒的確是住在河內市北部的竹帛水湖邊，瑪格麗特說自己四歲住在河內是能成立的。或許記錄也是一種轉折性的放下，把祕密寄存在書裡，每一個翻閱的讀者都是她傾訴的對象，就這麼無聲無息地被記憶就好。

《莒哈絲語錄》

我是一朵花。我身體的各個部分都在陽光下爆裂，我的手指脫離了我的手掌，我的雙腿脫離了我的肚子，直至我的髮根，我的頭顱。我感覺到初生時的驕傲的疲憊，終於降臨於世的驕傲的疲憊。在我之前，沒有任何東西占據我的位置。現在，我占據了這種虛無。

第一章　厚顏無恥的人
中國和金邊

中國和金邊

　　瑪格麗特五歲的時候，親眼見到一個中國婦女因為通姦罪被活埋。她深受震撼。

　　多年後，在一本簿子裡發現過一篇她未發表的文章，講述一個身材高大的男人被一折兩半，屁股折坐在垃圾箱中。因為身體龐大，整個折疊的身體就像夾子一般卡在其中。突兀的兩隻腳像花瓶中的枝幹無力地插著，伸展成最為驚悚的姿態。垃圾箱外，斜歪裝著頹喪沒有生氣的腦袋，毫無血色的臉上，唇與齒之間是開著的，像有無法訴說的遺言。蝨子、灰塵、垃圾……一個鮮活的人，上一分鐘他還可能走過你的身旁，下一分鐘，他就像這毫無生氣的垃圾一樣，被丟棄了。「我和哥哥目不轉睛地看著他，圍著他轉。我們這一生還沒看到過這樣的事情——垃圾箱裡裝著一具死屍。」

　　她和哥哥都驚呆了，母親又一次用手蒙上了女兒的眼睛，讓她忘卻……可這是屍體，是人。遮住了雙眸，那心裡呢？

　　正是這一年，因為雨季持續不斷，五歲的瑪格麗特和她的家人開始了旅行。他們花了三天時間翻越雲南的山嶺，這是她之前從未抵達過地方，一切都是那麼新鮮誘人，充滿了未知。對於愛抓蟋蟀的哥哥來說，富有童趣的蟋蟀王國是哥哥眼裡的中國。而敏感細膩

永遠的情人莒哈絲（修訂版）

的瑪格麗特卻用她那洞察力極強的雙眼去審視著他們所說的中國。

「他們不想要小女孩，在他們眼中，小女孩一文不值，如果生的女兒太多，他們就把她們扔給小豬吃。這些都是別人教我的。在我們到達雲南之前，為了讓我看到中國人的時候就知道是怎麼回事，知道怎麼去稱呼他們，他們教得很多——中國廣袤、殘酷、善生養，在那裡，孩子們都非常不幸，你們從來都不知道你們有多麼幸運。他們從來都不擁抱自己的孩子。中國人不痛苦，死亡並不讓他們害怕。他們從來不哭，也不會哭。」（《中國的小腳》）

在瑪格麗特的眼裡，中國是悲劇的縮影，不僅僅是孩子的不幸，更是愛情的不幸。在她的《情人》裡，她就寫到了女主站在另一條船上，看著中國情人披紅掛彩地去迎親的場面。

「在中國，因孩子的死亡而引起的悲慟要比在別處小得多，他們已經習以為常。有那麼多的孩子死掉，又有那麼多的孩子出生，一切周而復始，有規律地發生、平復、堵塞、遺忘，沒有必要因為水災而悲哀。」在莒哈絲筆下，中國人的形象多是饒舌的商販、執著的乞丐、奸猾的挑夫和猥瑣的鴉片煙鬼，每個人都匆匆忙忙。最讓她震撼的是見到的一個美麗女孩，裹著小腳，穿著細小的繡花鞋。她難以理解，更難以忍受。能擁有一雙正常的雙腳是多麼慶幸。

「我受不了世界上所有的小姑娘的腳無法享受同樣的自由。我幻想這些受到了壓迫的腳不顧一切地還是在長大，膨脹，撐破鞋子，自我解放，最終長大。寧可自娛而不取悅於人。但我想，為什麼不跟她們解釋呢？那得花上千年的時間，人們對我說。是的，中

第一章　厚顏無恥的人
中國和金邊

國人如此喜歡小腳的天性真是一種可怕的宿命。我五歲，在中國。」（《中國的小腳》）

其實，這樣的酷刑在 1912 年 3 月 11 日就已廢除。當時發布的《大總統令內務部通飭各省勸禁纏足文》中就講到「該部速行通飭各省，一體勸禁，其有故違禁令者，予其家屬以相當之罰」。法令頒布後，很多地方的女性都開始剪髮留足，但雲南是中國西南邊陲，未及效行傳播也是有可能的。

童年的瑪格麗特天性善良，與眾不同。對於初訪中國的瑪格麗特來說，中國是色澤美豔的菜餚，但卻難以下嚥。腦海裡揮之不去的小腳已經讓她覺得是可怕的宿命，但更讓她難以接受的是「旺雞蛋」，瑪格麗特覺得這樣殘忍的做法比裹小腳更過分。她愛小雞，難以容忍他們對小雞的殘虐。「我幻想著把牠們全部解放。所有小雞都破殼而出，所有小姑娘的小腳都能撐破她們的鞋子。」

山抹微雲，天連碧草，嫋嫋炊煙的夢魘漸漸甦醒。她告別了中國，告別了小腳和小雞。

1920 年初，瑪格麗特的父親被委派到金邊任職。父親先單獨前往，直到 1921 年，他們才一家團聚。「河內小男孩事件」後，她愈發恐懼於母親的暴躁和陰晴不定，常常令她心驚膽戰，她覺得自己是可有可無的。

「母親是不愛我的，她眼裡只有大哥。」她像游盪在大洋中的紙船，即便下一秒就要沉沒，她還是渴望著那份母愛，哪怕它終將開往絕境的彼岸。

永遠的情人莒哈絲（修訂版）

「就在金邊這座對著湄公河的豪華住宅裡，在這座當年柬埔寨國王的王宮裡，在這種令人害怕的寬大的花園裡，媽媽總是讓人感到害怕。一到夜裡，我們就更加害怕。」（《情人》）

如果不是父親的晉升，他們一家也不可能住進這座富麗堂皇集奢華於一體的建築，這房子相當氣派，住進去也非常有面子。可對於敏感的瑪格麗特來說，金邊這座城市像囚禁著死亡的鎖鏈，她總是害怕夜幕的每一次降臨。

金邊是個聚居區，地處湄公河和洞里薩河之間的三角洲，當時的人口不足五萬，規模還不足以與河內和西貢相比。這裡風景宜人，景色秀麗，初入此地，會以為進入了愛麗絲仙境，聖潔的白色建築一座座巍峨地矗立，金黃色的尖塔像千手觀音的手掌鱗次櫛比地延伸。金邊城南面的地勢向裡凹，面向著湄公河，放眼望去是一整片平地。在這片平地中矗立的建築就是王宮，對於七歲的瑪格麗特來說，這是一座可以充分激發這個女孩兒好奇心的宮殿。

瑪格麗特的母親很順利地找到了工作，擔任一所學校的校長。他們都覺得這座別墅給他們帶來了好運，所以，在金邊，他們也有過一陣子奢華糜爛的生活。

金邊城被大片的稻田簇擁，隨處可見檳榔樹，疏影橫斜，鬱鬱蔥蔥，比河內和西貢都更有異域情調，每一個角落都散發著微醺醉人的光芒。但這光芒不會永遠照耀，霞光會漸漸謝幕，大地也會沉睡。

1921年的4月，在金邊履職不久的亨利病情加重。4月24日，

第一章　厚顏無恥的人
中國和金邊

他被送上了「希利」號客輪,回國救治。之前,他寫信向遣返特別委員會反映病況說:「作為五個孩子的父親,我沒權利長時間損害自己的健康。」正是這樣的理由,使他得以被批准回國治病。瑪格麗特不能理解母親當時的冷漠,她還問過母親,結果是「我的母親應該是拒絕了和父親一起回法國,她要留在那個地方,再也不離開」。

回國救治並沒有讓他起死回生,醫生建議他需要在精神上和體力上做長期的休養。對一個養家糊口的男人來說,長期休養就已經在精神上宣告了他的死亡。知道自己時日不多,他悄悄地離開療養院,回到莒哈絲鎮附近的帕爾達朗村。該村地處洛特-加龍省,他上次回法國的時候在這裡買了一處房子。亨利奄奄一息地躺在床上,探訪他的只有前妻的母親和兩個孩子,還有他的兄弟羅歇。

1921年12月4日,一直被疾病折磨的亨利‧多納迪厄在法國去世了。他的兄弟說,他去的時候很平靜,眼睛朝著窗戶的方向……

在金邊,「就在這座住宅裡,媽媽得知了父親的噩耗。在電報到達的前夕,媽媽早有了預感。那天半夜,唯獨她聽見一隻發瘋的鳥在呼叫,並且落在北側父親的那間辦公室裡。同樣也是在那間辦公室裡,在她的丈夫去世的前幾天,也是半夜時分,媽媽突然看見自己父親的身影。她把燈打開,外祖父果真站在那裡。他站在那個八邊形的大客廳裡的一張桌子旁邊,看著她。她把我們叫醒,向我們講述剛才發生的事,講他如何穿著那套星期天穿的灰色制服,是

永遠的情人莒哈絲（修訂版）

如何站在那裡，兩眼直直地看著她。她說自己像小時候那樣叫他。她說自己沒有害怕，朝著那消失的形象跑過去。從那以後，我們對媽媽多少有些崇拜，因為她無所不知，就連人的死亡也能先知先覺。」

瑪麗曾以為亨利能逃過一劫，甚至覺得電報是假的，即便殖民行政署的職員再三告訴亨利去世的消息是事實，她還是拒絕前往法國。行政署對於家屬去世肯定會給予喪假，報銷旅費，可瑪麗還是拒絕前往法國奔喪。直到為了遺孀撫恤金和爭奪繼承權，她才前往法國。

辦理完喪事的讓・多納迪厄（亨利與其前妻的兒子）對瑪麗無動於衷的反應感到害怕，他給巴黎殖民地部去信說：「我的繼母以及弟弟、妹妹還在金邊。鑒於這種情況，請你們採取必要措施。」為了避免誤會，他特地補充說：「我已經電報告知我的母親所發生的事情。」

父親去世那年，瑪格麗特才七歲，父親的死亡對她在金邊的生活沒有什麼影響，像是風過無痕一般。接下來的一段時光，他們一家四口還要一起相依為命。

缺失父愛的瑪格麗特並不依戀父親，多年後的一次記者採訪中，她表達過這樣的感受：「父親死的時候我還很小，我沒有表現出一點難過的樣子。沒有悲傷，沒有眼淚，沒有問題……他是在旅途中去世的。幾年以後，我的小狗丟了，我的悲傷卻是無與倫比的。那是我第一次如此痛苦。」不了解狀況的人看到這句話，會覺得莒

第一章　厚顏無恥的人
中國和金邊

哈絲冷漠,但在《外面的世界》中,她正視了自己的父親,她覺得他溫柔善良,比母親更美好,因為他迷人、勇敢、正直,最重要的是,他永遠不像母親那麼神經質,令她又愛又怕。

父親對她來說,陌生得太過美好。雖然那時的瑪格麗特很小,但記憶總會殘留在腦海裡。

《莒哈絲語錄》

這個家庭的毀滅正是緘默的開端。從此以後,我一直在沉默中生活,在沉默中做了一輩子,我現在還活著,面對這當今古怪的年輕一代,同樣我和他們的奧祕也有著一樣的距離。我自以為寫東西,實際從來也沒有動過筆,我自以為愛過,實際上從來也沒有愛過。我除了在這關閉的大門前面等待之外,從沒有任何作為。

永遠的情人莒哈絲（修訂版）

爭產風波

亨利走了，他們的一切都變了。

亨利活著的時候，再不濟也是個校長，有一定地位。可如今，森嚴的等級讓他們領會到往日的繁華已經褪去，他們的家開始面臨風雨飄搖。

1922年的夏天，瑪麗申請了十個月的帶薪假，要帶著三個孩子回法國。這個帶薪假不但每個月能領到四百二十法郎的薪水，而且沿途的火車票都在報銷範圍內。

瑪麗突然歸國並不是為了旅遊，而是為了去爭奪遺產，因為她對亨利在死前購置的田產曾經一無所知。在《情人》中，瑪格麗特曾說：「我父親去世前買下了雙河口的一幢房子。這是我們家唯一的財產。」

瑪麗帶著三個孩子先去了她的家鄉弗呂熱，到了夏末秋初，才輾轉抵達洛特-加龍省的那個傳說中的普拉提耶莊園。「十五公頃的普拉提耶莊園，地界越過了省道和鐵道，延伸至德羅邊緣，那裡有『於德朗莊園的檀木林』和洗衣池，可就地從河裡取水。莊園的土地由佃農耕種，牧場為牛羊提供飼料⋯⋯」這座莊園相當奢華，有一條長長的過道，下面是糧倉。屋頂的坡度平緩，上面覆蓋著泥

第一章　厚顏無恥的人
爭產風波

瓦。通風性好，向陽有四扇大窗戶，窗戶上都安裝了木質的百葉窗，中間是正門，雙門扇，四周牆面是白色的，正對著下面的公路。房屋南側的下面是地基，有很長的一間地下室，是存放酒桶的倉庫。

關於藏酒庫，瑪格麗特在《平靜的生活》中有詳細的描述：「我家有個很大的藏酒庫，是直接在花園的半山腰上開挖的，酒庫對面就是李子烤爐，烤爐的每一層都有李子。正在煮乾（烘乾）的李子皮已經裂開，聽著烘爐裡葡萄嫩枝燃燒時劈啪聲響，別提有多舒服了。夜晚來臨，爐膛裡紅紅的，宛如一大團赤雲。不斷飄散的李子香侵占了我的分分秒秒。」

這座莊園在葡萄成熟的季節，農工們會用推車把採摘好的葡萄倒入壓榨機，從院子兩側進入院子。走過長長的通道，可以看到一個敞棚，有前面說的李子烘乾爐，還有放著柳條筐的棚架和禽舍，這些附屬的物件都面對面。右側有空地，種著忍冬花。空地直通廚房，直面日落，北面空地有水井、櫻桃園和菜園子。租地中間是種植園。

當然，跟印度支那那種水電齊全相比，普拉提耶莊園美中不足的是沒電，也沒浴室，甚至沒有自來水。但相比金邊拮据的日子，住在這裡已經算是天堂了，瑪格麗特的母親對這裡沒有嫌棄之感，她可以躺著休憩，孩子們可以在這裡愉悅地生活。

天氣晴朗時，瑪格麗特會和小夥伴們一起到花園追逐戲耍。到了夏天，她們就去櫻桃園或者果樹林裡採摘水果。吃點心的時間裡，她們就會到那個忍冬花架下去享受愜意的時光。

永遠的情人莒哈絲（修訂版）

她們還經常一起去兩公里外的村莊拜訪帕爾達朗教區神父狄福。因為對那裡的人來說，神父是比較有影響力的人物，瑪麗和他往來密切。

在瑪格麗特的玩伴中，有一個叫伊維特·巴羅的女孩，她回憶過他們一家人。說瑪格麗特是個並不淘氣的孩子，接觸久了會發現是個有心計且喜歡做決定的人。她和瑪格麗特一樣不喜歡她的大哥，而是喜歡她的小哥哥，覺得她大哥很傲氣，不隨和，而她的小哥哥卻是溫和可愛的。

瑪格麗特的朋友對瑪麗評價甚高：「她給我的印象是個很了不起的人。我當時年紀小……我們還只是孩子，確實不知道她是什麼人……也不想知道。反正是個大人物，很厲害的。她在我們心目中是個能做事的人，她讓人折服。」

童年的瑪格麗特跟同齡夥伴們很合拍，她們玩在一起，吃在一起，瑪格麗特和母親爭執後還常去鄰居家睡覺。瑪格麗特是個特別的女孩，一頭棕色的頭髮，愛穿木鞋，她希望別人叫她「內內」。她喜歡上了這個叫洛特-加龍河的地方，覺得這裡散發著一種野性，與她的出生地交趾支那十分相似。

瑪格麗特一直想知道自己是什麼時候開始想寫作的。她覺得就是在她八歲時，在父親的土地上。父親埋在附近，在萊維尼亞克德-吉耶訥的墓穴中，墓穴的鄰居就是他的前妻，「那裡開闊而空曠」。

值得一提的是，瑪格麗特的第一部小說《厚顏無恥的人》中的故事就是這段記憶的真實寫照。她用不具色彩的文字寫出了想像飛

第一章　厚顏無恥的人
爭產風波

馳的一個天地,即便是血腥、殘酷、野蠻,也都能一一在讀者面前毫無顧忌地展現,也正因為她想寫作,她才能用自己親身經歷的故事告訴你,那個她曾經待過的地方是多麼的與眾不同和神祕。

時間無涯,空間無界,那些停留的過往終會被時光的洪流沖淡,繁花次第,滄海桑田,一切又會推陳出新,再次歸來。

此次,瑪麗領著一家人奔赴法國可不是為了去莊園度假,她是為了亨利‧多納迪厄的遺產,還要領取丈夫的所有撫恤金。

當初,亨利的死對殖民當局來說是匪夷所思的,死因多少有些讓人起疑。因為亨利在死前並沒有配合醫院治療,是拒絕一切救治的,而且死後也未頒發死亡證明等相關檔。沒有相關的死亡檔,瑪麗無法領取撫恤金,這使她相當困擾。在很長的一段時間裡,她一直去找行政署證明自己丈夫亨利已經死亡,證明自己就是一個孤苦無依的寡婦。她還到丈夫曾去醫治的地方索要死亡證明,反覆糾纏下,醫生讓步了,給她開具了相關證明。但印度支那的總督卻並沒有那麼好說話,「證明提交到了印度支那軍隊醫院負責人手裡,他認為這些證明只可以說明亨利‧多納迪厄在印度支那染上了慢性瘧疾,但不足以得出該病導致亨利死亡的結論。」

由於欠缺很有利的證據,瑪麗對這樣重重設卡的當局表示無奈,而這個總督在五年後還一直徘徊在亨利是死是活的問題上。到了第六年,瑪麗終於領到了這筆撫恤金。本來,這筆撫恤金有四分之一應該屬於丈夫前妻的小兒子雅克,但雅克和雅克的監護人——舅舅卻都沒有領到,原因是屬於他們的那一部分被瑪麗私吞了。

永遠的情人莒哈絲（修訂版）

一直以來，自私偏心的多納迪厄夫人就不受夫家待見。早期，瑪格麗特的母親想要普拉提埃的房產，當時夫家就拒絕修改房契證明。在亨利的兄弟羅歇·多納迪厄給總督的來信中不難看出，他眼裡的瑪麗是個有野心又狠心的角色。他說：「她想要收回普拉提埃的房子，但並不承擔撫養丈夫和前妻所生孩子的義務，她還要領取歸他所有的撫恤金……多納迪厄夫人對其丈夫和前妻所生的孩子沒有絲毫疼愛之心，這次又起訴了他們，目的就在於拖延他們享有繼承我兄弟財產的權利。而實際上，她早已將我兄弟的財產據為己有。」雖然瑪麗沒能把普拉提埃的房子歸於名下，但她成功地奪走了丈夫與其前妻所生的兩個孩子的其他繼承權。

瑪格麗特的手稿裡有一篇《布斯克老夫人》中這麼寫道：「她似乎永遠也死不了，讓人覺得她很善於對付歲月的流逝。」那時候的瑪格麗特是個性的，但她還是理解她的母親，即便她的母親總是偏心。

在法國足足待了將近兩年之久，帶薪假期早已結束，而瑪麗還不想走，為此，她向殖民地當局提出申請，說自己記憶力衰退嚴重，並且患上了殖民地的慢性瘧疾，想留在本土。之後，殖民當局讓瑪麗出示證明。

瑪麗如何找上軍醫我們不知曉，但可以看出，瑪麗並沒有打通好關係，因為軍醫做出的證明是：「多納迪厄夫人從現在開始可以適應殖民地的生活了。她應立即回到海外的職位上。」

1924 年 6 月 5 日，瑪麗帶著三個孩子離開了法國，但她不想

第一章　厚顏無恥的人
爭產風波

再回到那個充滿黑色回憶的金邊城，她想回西貢。可就在可倫坡換船的時候，她接到電報，上級還是要她去金邊任職。瑪麗覺得自己快崩潰了。她寫了一封聲情並茂的信給殖民地當局，希望遷回西貢。這份期望並沒有被接受，總督在接到請求後，委託殖民行政當局負責調查瑪麗所說的是否屬實。

人在倒楣的時候，最怕的是雪上加霜。很多資料證明，瑪麗不善於處理人際關係，如今，曾經共事的一些同事開始在背後強烈地表達對她的不滿，說她「不論在諾羅敦學校還是在考試委員會，名聲都非常糟糕」。

瑪麗處於了這種腹背受敵又遭人冷箭的情形之中，她很想找人談談自己複雜的心情，結果大家都避之唯恐不及。她開始懷疑這是個陰謀。她只好請求教育部門召開會議，要求再次調查，澄清這莫須有的詆毀，她想擺脫這噩夢似的日日夜夜。

得不到認同，卻又倨傲好強，瑪麗第一次感到氣餒，覺得自己很失敗。逐漸地，她認為每個人都開始對她不公。在瑪麗看來，遇到這樣的事，都是因為自己不會討好人，不會所謂的應酬和人際交往。其實，瑪麗不是不會，關鍵是她太鋒芒畢露。

「在永隆拍的照片，我沒有，一張也沒有，花園，大河，法國征服殖民地後修建的兩旁種有羅望子樹的筆直大馬路，這樣的照片一張也沒有拍過，房屋，我們的棲身之地，刷著白石灰，擺著塗有金飾黑色大鐵床的住屋，裝著像大街上發紅光的燈泡，綠鐵皮燈罩，像教室那樣照得通亮的房間，這樣的照片一張也沒有拍過，我

永遠的情人莒哈絲（修訂版）

們這些住所真叫人無法相信，永遠是臨時性的，連陋室都說不上，醜陋難看就不說了，你見了就想遠遠避開。」昔日的豪宅被收走，他們開始住在破舊的木屋裡，荒蕪的境地看著都讓人洩氣，實在說不出哪裡好。但為了生活，為了活著，臉皮不再是可以在乎的東西。孤立無援的瑪麗已別無他法，如果前方只有一條路，哪怕是破罐子破摔，她都要拚一回。這一次，瑪麗把所有的苦悶、絕望與無助都一股腦訴諸給了總督。正是因為這次的孤注一擲，瑪麗的人生又一次發生了大逆轉。

1924年平安夜的前一天，她收到了比聖誕禮物還驚喜的禮物——調令。

能離開這個有過美好回憶卻更多的是灰暗現實的地方，瑪麗喜極而泣，她終於可以走出這個噩夢之地了。告別吧，願這些不幸都能抖落在風塵中，踏碎在足印下。

出發吧！下一站，永隆。

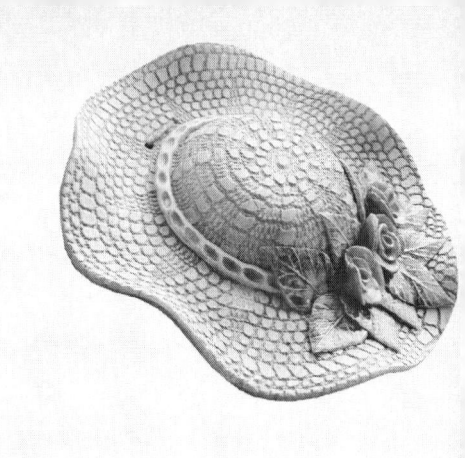

第二章　抵擋太平洋的堤壩

《莒哈絲語錄》

　　我一生的歷史是不存在的,的確不存在。從來就沒有什麼重點,沒有道路,也沒有線索。有些寬闊的地方會讓人們遺忘那裡必定有人存在,這不是真的,其實那裡一個人也沒有。我年輕時那一丁點兒故事我已經寫過一些了,我想說的就是那段依稀可辨的歷史,我所說的正是這個故事,也就是我那段過河的故事。

永遠的情人莒哈絲（修訂版）

下一站：永隆

　　沉默。中國人說：
　　「您還在想著永隆。」
　　「是的。這是我覺得最美的地方。」
　　——《中國北方來的情人》

　　那一年，瑪格麗特十歲。離開了高樓聳立的殖民城市，告別了生活圈複雜的種族之地。顛沛流離的童年，才漸漸顯露出一絲別樣的顏色。

　　這裡是百鳥平原，擁有一片廣袤的「水鄉」。晨光薄暮，水霧纏繞，一望無垠的稻田果綠，汩汩奔湧的河流，沒有盡頭。河灣、池塘、切塊的水田，曲曲折折，綿延千里。它是軟香愜意的天堂，是倦鳥棲息的故土，是歡暢魚兒嬉戲的勝地。這裡像是未被驚擾的樂園，讓人一見傾心，恨不得傾盡一生的念想，立刻許下諾言去愛這個地方。

　　永隆座落在前湄公河的邊緣，地處現在的越南前江省，漫步九龍江的途中，就能看見花市，遠處停泊著舢板和駁船，相比叢生的小島，那些小船更像是水面上晃動的菱角，分外鮮明。

　　棕櫚樹像是久候情郎的姑娘，即便風吹搖動，還是矗立不移地

第二章　抵擋太平洋的堤壩
下一站：永隆

站著。漸漸深遠的黃昏添了水墨的一筆，水流也為落日執鏡，瑰麗的流光灑下湄公河，星辰倘佯在河面上，一片斑斕。

這是一汪被月兒眷戀的水鄉，它披著流動的水波正在婀娜輕盈地漫步。

安逸的樂土上古廟林立，信徒絡繹不絕，殿內香火鼎盛。每日都有虔誠的百姓焚香默祝，期望豐澤的水鄉能庇佑他們年年豐收且平安喜樂。

焚香燃燈、祭祀膜拜、誦經念佛，這一連串的做法對於虔誠的信徒來說是一件非常普通的事，但對異國的瑪格麗特來說，這樣的舉動是陌生而神祕的。她十分好奇，不單單是對叩拜，那些活靈活現、古色古香的龍頭柱子，還有那些形態各異且大腹便便的佛像，好像也有一種難以描摹的神聖。

永隆的老百姓最怕夜深熟睡時，野豬出來把麥苗啃食得乾乾淨淨，還有那些讓人煩躁的猴子竄來竄去。

被貧苦施壓的民眾，從未被上層貴族們認同過，他們偏安一隅，並不覺得自己不幸。比起不幸，生存才是首要的一件大事。得過且過並非是最潦倒的方式，最悲哀的是從不知道如何真正有意義地活下去。

這裡的街道人聲鼎沸，傳統工匠在越南很普遍，當地人很喜歡戴竹製斗笠，穿麻質裙子。而白人喜歡穿著帶花的白裙，戴著闊邊的遮陽軟帽子，一派歐式的著裝。

在苦痛裡生存還能自得其樂，這是當地人與安逸享樂的歐洲人

永遠的情人莒哈絲（修訂版）

不同的地方。對於將要生活在這裡的瑪格麗特，她也在質疑自己是否會淹沒在這不知苦痛的麻木中。

桀驁的瑪格麗特是享受著白人的自由又不帶殖民束縛的異鄉人，她集野性、自由、奔放於一體。她一直在作品中書寫著她的野性，也竭力剔除一些她不願意提及的內容，而她從未忘記永隆，甚至蒼蒼老矣她還覺得清晰如昨，仿佛自己是行走在郵局的小路上，看著路的兩旁種著鮮少有人觀賞的金鳳花。

那時候的瑪格麗特有著一頭黑色微捲的長髮，左邊髮髻上繫了一個白色的蝴蝶結，鮮嫩的臉蛋上嵌著一汪碧波蕩漾的雙眸，顯得顧盼生輝，她穿著繡花領口的短袖連衣裙，右臂上戴著一個碧綠色的玉鐲，這是瑪麗送她的禮物，她戴了大半生。脖子上戴著聖體紀念牌，小小的，特別顯眼，在1930年她和沙旬和平法官的女兒合影照片上，最顯眼的就屬兩人脖子上都佩戴著的聖體紀念牌項鍊。由此可見，她在永隆也接受傳統宗教教育，也有去做彌撒。

在永隆，男女學校分開而建。瑪麗是一所女校的校長，起初不教學，只負責管理學生。在當地，女子教育以職業技術教育為主，主學縫紉和繡花，還有法語和算術。瑪麗所在的學校，老師基本是當地人，她不得不選擇重回講台。

那個年代，有重男輕女現象的不單單是中國，越南也是如此。學校的女生比率不超過百分之八，這百分之八裡，也不排除一些開明的父母賣了田地讓自己的女兒接受新式教育的。

瑪麗的大兒子因為學業重回法國，她與小女兒和二兒子住

第二章　抵擋太平洋的堤壩
下一站：永隆

在永隆。

也就是在永隆，瑪格麗特遇見了作品中反覆出現的「女乞丐」和中國情人。

「晚上，在永隆，我們都是乘四輪馬車出去。我至今還記得，我們總是坐到一座小棚屋附近，接著渡過河去，最後再穿越湄公河的支流回來。回來的時候往往是夜幕降臨之時。」

白人的優越感是無法消除的，一些表層的規矩，他們依舊遵循。

他們住在離市中心很遠的一個街區，每天都會途經那條椰影叢叢，道路筆直的街道，每天都會看到身邊開過一輛霍奇基斯牌汽車。

瑪麗在永隆工作初期，管理得很有成效，因此獲得了上級肯定，晉升為「特級帶班」教師，薪水上調。為了參加行政部門組織的晚會，她還精心裝扮了一番，但在一些舊照中不難看出，瑪麗的著裝很單一，棉質寬鬆的黑色裙子，手包也是黑色的，五十歲的她早已把長髮剪了，並且習慣把前額上的頭髮往後梳，呆板的髮型加上黑色的裝束，木訥且老氣橫秋。她之所以習慣穿黑色裙子，據說是為了以此提示眾人，自己還在服喪期。她很喜歡照相，並不時地宣稱「明天我們去照相」，即便是埋怨照相太貴，她還是花錢照了全家福。幸得瑪麗有照相的興趣，否則，光從文字上去窺探瑪格麗特，是無法更深層次地走進她的世界。

獨自撫養三個孩子，瑪麗感覺自己很累，沒有人能幫她，夫家也與她切斷了聯繫。那筆救助的撫恤金依然沒有任何動靜，她不厭

永遠的情人莒哈絲（修訂版）

其煩地向殖民署寫信反映自己的「貧苦」，她以三個孩子的名義，請求相關部門能擔負她孩子的學費。

　　瑪麗一個月掙一萬法郎，還在外面教法語課，她一點點囤積自己的積蓄，她要改變。

　　大兒子已開始接觸鴉片，甚至會偷家裡的錢去抽大煙。小兒子時常曠課，作息懶散，到了夜晚，會像當地的野孩子一樣到處撒歡。瑪麗管制不了他們，整個人變得扭曲，開始習慣於大吼大叫、謾罵和抽打孩子，以此來發洩她的抑鬱。

　　這樣不公平的待遇使得瑪格麗特更加仇恨這個家。《情人》中她說：「這恨可怕極了，對這恨，我不懂，至今我也不能理解，這恨就隱藏在我的血肉深處，就像剛剛出生只有一天的嬰兒那樣盲目。」

　　風雨鞭策，日月煎煮，那些細密的疼痛感，會隨著時間漸漸淡去它的瘀青，但那些凝固在心底的痛楚，就如同雨水攪拌過的湄公河，渾濁而猙獰。

《莒哈絲語錄》

　　少女直挺挺地站在那裡，好像這次輪到她也縱身投到海裡自殺，後來，她哭了，因為她想到堤岸的那個男人，因為她一時之間無法斷定她是不是曾經愛過他，因為，他已經消失於歷史，就像水消失在沙中一樣，因為，只是在現在，此時此刻，從投向大海的樂聲中，她才發現他，找到他。

第二章　抵擋太平洋的堤壩
總督夫人和女乞丐

總督夫人和女乞丐

瑪格麗特在童年有過一段創傷性的記憶，她曾大聲疾呼，但聽見的卻是母親尖利的笑聲和快樂的呼叫。這種變態式的噩夢，揮之不去。「回想起來，中心就是關於這樣一種恐懼的記憶。即便說出這種恐懼已超出我的理解、超出我的力量，即便這樣也還不夠。」她不想回憶這段過去，她想把母親矯正得很具有母愛特質，即便她暴力、瘋狂，擁有小市民的特性，並且悲觀。

瑪格麗特說：「成為自己瘋狂的對象，卻始終不是個瘋子，這大概是一種非常美妙的不幸。」她的筆下有神經兮兮的女瘋子，有衣著襤褸的女乞丐，還有聲嘶力竭的女人。這些女人像噩夢的浪潮湧上她的記憶，她們追逐般地跟著她，發出可怕的笑聲。她拚命地奔跑，身子害怕地抖著，跟篩糠一般。

十二歲的記憶是模糊的，印象中那個兩歲大的嬰兒被蛆蟲啃食得不成人樣，顯得像六個月大小，讓人觸目驚心。她難以忘懷，母親把小嬰孩交托在自己手上，雖然自己悉心照料，但還是沒有救活回來。

《情人》中瘋子一樣的討飯女人在永隆郵局喃喃自語，沿路乞討彎腰，枯瘦如柴，頹喪得像個死屍；《副領事》中白人小女孩央

永遠的情人莒哈絲（修訂版）

求母親收留討飯女人，為此而妥協了母親的要求，才得以讓母親接納乞丐女人和她的孩子；《抵擋太平洋的堤壩》中寫過一個討飯女人祈求母親照顧自己的女嬰，母親日夜照顧她，甚至做了搖籃，可是小女嬰窒息死了，嘴巴裡吐出了很多蛆蟲；《世界報》中她寫到，「討飯女人逃跑了好幾次。她腳上有傷，我們追上了她，但是最後一次，她是真正地逃走了，在夜裡」。

即便瑪格麗特筆下的討飯女人走了，但是她們永遠住進了瑪格麗特的心裡，包括那個女嬰。之後，瑪格麗特還寫了另一個女人，安娜—瑪麗·斯特雷特。她是總督的妻子，兩個女孩的母親，長著一張沒有塗抹胭脂的臉，面色蒼白，頭髮紅棕，睫毛顏色很淡，瞳孔在陽光的照射下很明亮。

這是杜撰還是真實？

《莒哈絲的領地》說：「我到了之後不久，有人就告訴我，有個年輕男人自殺了，原因是出於對她的愛，是因為愛她而自殺。」瑪格麗特對這事感到很驚訝，甚至不能理解。因為她覺得，這個夫人長得並不是很美麗，而且寡言，習慣帶著女兒散步或者獨來獨往。而在讓·里瓦爾的書裡講過一個不願透露姓名的女性說在1920年代，確實有個叫安娜—瑪麗·斯特雷特的女人，她和她丈夫、孩子住在西貢境內的一個哨卡，還有一名為她服務的大夫。大夫最後選擇自殺了，因為在最後關頭，本來決定要走的她改變了主意，不離開了，之後這個消息不脛而走。

美貌與香豔的情史，對於瑪格麗特來說是新奇的、令人興奮的。

第二章　抵擋太平洋的堤壩
總督夫人和女乞丐

它像開了閘的洪流，裹挾著那些有待探究的情情愛愛：「這個消息只能我一個人知道。從此以後，那個女的，安娜—瑪麗·斯特雷特——就成了我心底的一個祕密⋯⋯」

安娜—瑪麗·斯特雷特的丈夫確實曾經先後任柬埔寨和交趾支那總督。但他是在沙瀝任職，並沒有在永隆擔任過總督，所以，這個故事是一路流傳的結果。得知這個總督夫人的祕密，瑪格麗特很興奮，她甚至說：「有時候我在想，我寫東西是因為她。」當然，因為她的寫作，使得總督夫人變得世界知名，甚至在 1977 年，真正的安娜—瑪麗·斯特雷特寫了一封信給她。

夫人：

您動用你的想像力創造出了一個虛構的人物，正是因為需要保持其神祕的匿名特徵，所以留存了它的魅力。我本人對此堅信不疑。我既無意拜讀您的書，又無意看您的電影。牢記往事，留住印象，讓它們的價值永遠不為人所知，讓它們的形象在腦海裡似真非真去變幻。順致敬意。

1977 年 11 月 15 日於墨東—貝爾維

總督夫人穿梭在多部作品中，生活中，她已習慣了流言蜚語，多加一本書，並不能成為打壓她的最後一根致命稻草。既然決定不走，她就有意志力去面對將要來臨的風雨，被人大肆討論且被探究，這是毋庸置疑的，如果無法避免，那就讓自己的形象在他們腦海裡似真非真地重塑吧。

1925 年春，瑪格麗特取得小學結業證書，考試成績是整個交

永遠的情人莒哈絲（修訂版）

趾支那地區的第一名。面對大兒子的頑劣，小兒子的不愛讀書，瑪麗覺得女兒讓她面上加倍有光，她的虛榮又在作祟。

「我母親到了。我真替她難堪，她和她的裙子。大家說她是個寡婦，說我就是她的聚寶盆。我的這一切都是為了對得起她的愛。」

她的愛變相了，她瘋狂地打罵孩子，周圍的孩子看見這個女瘋子也都很恐慌。周邊的同事朋友都開始遠離瑪格麗特的母親，因為她太專制太聒噪，又喜歡在同事間嚼舌根，引起事端，更令人討厭。瑪麗感受到了大家對她的疏遠，於是向僕人和孩子們發火。那詭異的無名火讓瑪格麗特很是擔驚受怕。

最讓她恐怖的，要屬她大哥對小哥哥的粗暴。她害怕死了，她覺得小哥哥會被大哥打死。1942年，小哥哥保爾在西貢去世，她也一直認為，是大哥害死了他。

《情人》的電影裡，有一幕我印象很深刻。兄妹三人在餐桌上吃著看上去有些噁心的黑乎乎的肉，瑪格麗特睥睨著面露凶相的大哥，小哥哥正用刀叉伸向小鍋裡那茄黑色長長的食物，大哥一臉兇惡地盯著小哥哥說，那大片肉是他的。小哥哥無力抗爭地看著大哥把大肉叉進盤裡。瑪格麗特問大哥：為什麼都是你的？大哥說，因為我喜歡。瑪格麗特極其憤慨地說，「我恨不得你去死」，轉身離開時，椅子倒了。清秀的小哥哥也哀傷地哭著離開了餐桌，而另一旁的母親默默地看著這場爭執，從開始到落幕。

這個扭曲的家，從未有過真正意義上的和睦。在瑪麗的眼裡，皮埃爾高大、英俊、雄健，是一個情聖。瑪麗寵愛大兒子，超越了

第二章　抵擋太平洋的堤壩
總督夫人和女乞丐

真正意義上的母子關係。她任由皮埃爾無故地傷害保爾和瑪格麗特，縱容、溺愛漸漸成了瑪麗原諒大兒子暴行的通行證。他像強盜、像流氓、像混混，在家裡翻箱倒櫃，搜刮家裡所剩無幾的錢財，毫無顧忌地揮霍，在母親瑪麗的庇佑下，盡情地無法無天。

皮埃爾是惡棍的代表，作為母親，她無可奈何。正因為無法管束，才有之前送他去法國一說。這得以喘息的日子並不長，1927年十月，皮埃爾藉探望生病的母親為由，回了西貢。

在那段時間，瑪麗收到了期待已久的撫恤金。她買了一棟小房子，用業餘的時間補課，繼而又向總督寫信請求照顧和撫恤。她還醞釀著一個宏大的計畫，就是買一塊地，然後不辭辛勞地耕耘它。她想透過這塊貧瘠的土地，來徹底擺脫貧困與壓抑。

《莒哈絲語錄》

她曾經過度地熱愛著生活，正是她那持續不懈、無可救藥的希望使她變成了對希望本身完全絕望的人。這個希望已經使她精疲力竭，摧毀了她，使她陷入赤貧的境地，以致這使她得以在此休息的睡眠、甚至死亡，似乎都無法再超越它。

永遠的情人莒哈絲（修訂版）

水稻女王的泡影

「這時候他問她：您是從哪兒來的？她說她是沙瀝女子學校那位女教師的女兒。他思索了一陣，然後說他聽說過這位太太，她的母親，聽說過她在柬埔寨那邊買下了一塊租地很不走運，是這麼回事吧？是的，是這樣的。」

——《情人》

《情人》中，中國情人一語道破那個不堪回首的往事。

是的，瑪格麗特的母親買下了一塊租地，但很不走運。起初，消息來自一份「允許教師參與國有土地的競標」的通報，這是一塊特許經營的土地，是法國行政當局從越南百姓手中搶來的，然後再轉讓給企圖夢想變成富翁的白人，而瑪麗就是其中一員。她是個有野心卻沒有經驗的人，那些地產代理人合夥矇騙她，瑪麗未經深入了解，就武斷地把全部家當壓在了這片租地上。

就是這所謂的特許經營的土地，瑪麗獨自高興地擁有著，卻不知大家都在背後恥笑她。她寡居，沒有人撐腰，沒有人保護，她是孤立的，在官員的眼裡，給她一塊毫無用處的土地既無妨礙又一舉兩得。瑪格麗特的母親不懂人情世故，不知道要偷偷塞些禮金給那些登記和丈量土地的人，或許她也曾想過，但她早已砸下了自己所

第二章　抵擋太平洋的堤壩
水稻女王的泡影

有的私藏,因此也只能把所有的希望寄託在這片土地上。可她卻不知,這根本就不算是塊地,因為一年當中有六個月,這塊土地都被海水浸泡著。瑪麗為了一塊抵擋不了太平洋海水的土地,付諸了二十年的積蓄。

1928年9月,她在沙瀝被任命為女子學校的校長。當時沙瀝是印度支那最美的城市,雖然路面不平,但風景綺麗。突兀的法屬行政大樓和那些參差不齊的破舊小房形成鮮明對比,飽滿的芒果垂掛在樹上,老虎花悄無聲息地瘋狂滋長,舊式花園圍繞著這片頹廢的地域,透過小小的百葉窗能看見空曠的舞廳,似乎在等下一波的車水馬龍。這富有生氣的美,像是未曾被驚擾的世外桃源。沙瀝的美,瑪麗無暇欣賞,她更看重的是那塊未被開採的租地。

這塊租地離瑪麗任教的地方很遠,途經西貢,還需經過無數坎坷的道路,穿過遍地碎石的荒灘。停車、吃飯、休息、為散熱器加水、修理被小石子捅破的輪胎,這麻煩瑣碎的過程竟要兩天之久。為了實現她宏大的夢想,她還雇用了五十來個工人,將他們安置在離大海僅兩公里遠的沼澤地附近,搭建了全新村落。在《情人》裡,這個新搭建的地方被稱為「般加廬」。瑪麗這破天荒的闊氣是可以理解的,也是平生少見的。

建造初期,大哥皮埃爾不在,瑪格麗特與母親還有小哥哥每次來這裡,都要從所住的地方駛上公路,再加上四個小時的船渡才能抵達。他們一起住在茅屋裡,緊靠著上等僕人住的草屋,他們和僕人同甘共苦,睡在草墊上過夜。雖然土地貧瘠,居住簡陋,但這些

永遠的情人莒哈絲（修訂版）

絲毫都沒有打消瑪麗急需改變一切的決心。

時間一天天過去，瑪麗去永隆接回了大兒子，尖叫和暴力又繼續噩夢般輪迴著。為了方便去「種植園」，瑪麗買了一部汽車，還雇了司機。開銷越來越大。她像一位難產的孕婦，忍受著煎熬和疲勞，即便勞累，但還是滿心憧憬。她壓根不知自己即將產下的不是喜悅，而是厄運的開始。

瑪麗總想著四年後會成為當地的百萬富翁，可這只是個不切實際的夢。這八百五十公頃的土地都是鹽鹼地，第一次收成僅是幾包稻穀。她眼見著這塊親力親為的土地一夜滄海，都被大水沖毀，被海水浸入根部的稻根都被燒死，即便退潮，都已是無可挽回的敗局。更讓人跌破眼鏡的是瑪麗竟然還不死心，決定借貸三十萬法郎修建一條堤壩，她天真地認為，這樣就可以一勞永逸地阻擋海水的入侵。結果，所有銀行都拒絕了她的貸款要求。面對巨額赤字的壓力，她草率地找上了高利貸。

她修建堤壩的做法和買土地一樣，都未經考慮，也沒有諮詢過任何技術人員，僅僅是單純的想法左右著她。她把自己當成女王，只聽從自己。她親自監督上百名工人，用了一個旱季的時間修建了這條堤壩。

「不幸的堤壩被海水沖上岸的蟹巢拱散。當第二年漲潮時，用鬆土固成的堤壩，由於蟹巢的危害，頃刻之間全部塌陷了。第二年又是顆粒無收。」

失敗再一次向他們襲來，她血本無歸，不得不選擇放棄種植園，

第二章　抵擋太平洋的堤壩
水稻女王的泡影

還得想方設法償還那些吸血鬼的高利貸。久而，她才幡然醒悟自己是被騙了，她怒不可遏地寫了一封信給地籍辦事員，說自己十五年來，犧牲了一切，就是為了向政府購買到這塊租讓地。她感嘆自己省吃儉用、耗費青春積攢下的積蓄，從政府那裡換來的是什麼東西呢？換來了一片浸泡在鹽水裡的荒灘（除了部分靠近路邊地勢較高用於建造村落的五公頃土地不會被浸泡），她將自己十年積攢的積蓄全部「孝敬」給了這殘酷的現實。

不得不說，這樣的結果都來源於她那不可救藥的天真，還有那未經考慮的決定。瑪麗像是築堆沙堡的孩童，一臉幻想地認定這就是未來的宮殿，即便風吹海沖，她也覺得這夢不會碎。悲哀的是，這是一場童話的構架，現實的垮塌。勞碌大半生的積蓄，玩票式地上演了一場人盡皆知的笑話。《抵擋太平洋的堤壩》中，瑪格麗特說過，有兩年的時間，瑪麗一直教法語。可那時候，教法語和教鋼琴收入並不是很高，隨著孩子們長大，這些收入更是微不足道。

結局是三個月後，太平洋漲潮，一切化為了泡影。瑪麗差點昏死過去，失去了理智，大家都認為她活不了多長時間了⋯⋯

瑪麗確實病倒過。醫院遙遠，醫療設備不佳，每次看病都要花上好幾個小時。病中的瑪麗安慰兒女：「一切都會過去的！」診治結果出來，說瑪麗患有兩三種癲癇病，阿德賴爾的書上稱這種病為蠟屈症。這種病，有的時候會大喊大叫，有的時候又莫名的安靜，不停的哭泣和嗜睡症似的昏迷。是錢壓垮了她，置她於死地。

瑪格麗特說她和小哥哥都很害怕，覺得母親受到的懲罰，是因

永遠的情人莒哈絲（修訂版）

為母親曾經愛過她們。孩子的天真和大人的天真是不同的，她不願大人擔負那種負累，她願意說一切是因為她自己。

她有一首叫《堤壩》的詩，寫在小學生的作業簿上，沒有日期，是純手稿。

「等待如此漫長

太陽下

他們拖著沉重的腳步

為希望之鏈鎖住

在小道上我等了很久

腳上的鎖鏈，頸間的鎖鏈

太陽下的腦袋

空空的胃，屁股上挨的棍子

可憐的米飯

鐵鑄的太陽

我飢餓的孩子

哦，家鄉的平原

如此廣闊滿是

飢餓而死的孩子

哦，鹽鑄的太陽

哦，我的家鄉，我唯一的命運」

租讓地事件雖然讓瑪麗的積蓄付諸東流，但基於這些素材，瑪格麗特寫了《抵擋太平洋的堤壩》這本書。這是她人生中的第三部

第二章　抵擋太平洋的堤壩
水稻女王的泡影

小說，也是她被讀者肯定的小說。瑪格麗特因這本書變得成功和富有，她用勒內‧克雷芒改編電影付給她的版權買下了諾夫勒的房子。

可在當時，她和小哥哥還是要面對那些工人。只要她母親一犯病，那些幹活的人都想走，因為他們害怕拿不到工錢，一直徒勞下去。他們圍在般加廬邊上，在周圍的小土坡上坐著，窺視著裡面那個呼吸微弱的女人。森林漸漸隱去，比起黑暗裡的犬吠，這些圍坐的人更加可怕。他們古怪的面龐，仿佛是在控訴這徒勞的工作。

海水不痛不癢地漫上來，一切是如此平靜，又如此的摧枯拉朽。這時候，瑪麗一家需要的不僅僅是安慰，還需要有一些微弱的力量。小哥哥保爾有時候會出去，讓那些工人放心，告訴他們他的母親還活著，並沒死。他們很難相信一個小孩子的話，但是小哥哥發誓說，如果他的母親死了，他會把他們領回交趾支那，不惜任何代價，也要還清他們的工錢。

那一年的保爾才十三歲，可在瑪格麗特眼裡，他已經成為前所未見的最勇敢能獨當一面的人。他讓她放心，並說服她，他堅信母親會活下來。的確，瑪麗在太陽落山的時候，醒來了。

在此，我們看見了與《情人》裡不同的小哥哥。他頑強堅忍，像一個男子漢，而不是那個在大哥面前哭哭啼啼的少年。苦難的彈簧，就這樣爆發出了張力。

可一切並未結束，大哥的陰霾漸漸襲來。

《莒哈絲語錄》

永遠的情人莒哈絲（修訂版）

　　人們以為憂愁只是某些人的天命，其實它是世界上最常見的東西。自從我知道憂愁是司空見慣的東西後，我便不再怕它。

第二章　抵擋太平洋的堤壩
禁忌之愛

禁忌之愛

　　繆塞在《西方美術史》的序言上寫道：「我愛著，什麼也不說；我愛著，只我心裡知覺；我珍惜我的祕密，我也珍惜我的痛苦；我曾宣誓，我愛著，不懷抱任何希望，但並不是沒有幸福，只要能看到你，我就感到滿足。」這句話很貼切暗戀的情愫，更適合瑪格麗特，因為她愛上了小哥哥，這份愛跨過了親情的柵欄，超越了倫理的界限。

　　有人說她人生的第一次性經驗來自她的小哥哥。在《中國北方來的情人》中，她打破禁忌，跟小哥哥保爾做愛了。對這部作品，質疑聲和鄙夷聲此起彼伏，讀者不相信這是真的。但她說，她之所以這樣寫出來，是因為這是真的。

　　對她而言，只有寫作能代替事實。她說：「寫作是審判確實發生過的事情的絕對法庭。現實、巨大的幻想，對作家來說，是同樣的寫作素材。」

　　他們一起去河邊的森林中打獵。寂靜的森林中偶爾傳出幾聲動物的叫聲。他們兩個，一直都是彼此牽著對方的手，像走向聖潔教堂的男女，不畏議論的風聲，不懼母親嘴裡「孩子們的醜事」。

　　「有一次，事情發生了。他來到我床上。我們兄妹之間彼此是

永遠的情人莒哈絲（修訂版）

陌生的。我還很小，只有七八歲。他來了一次，以後每天晚上都來……」

這會讓人想到她在金邊的小男孩事件，會不會是創傷性記憶造成的呢？

答案應該是否定的。

在《情人》裡，她和保爾一起跳舞的時候，就略微可以看出端倪。那是挑逗，那是愛撫，他們倆濃情蜜意地摟著對方，用隔著布料的肢體相互摩擦著彼此的敏感帶。音樂遮掩著他們彼此間無法撕開的慾望：「我對小哥哥所懷著的這種瘋狂的愛，對我來說，依然是一個深奧莫測的祕密。我不明白，為什麼我愛他會愛到這個地步，甚至想跟隨他一起死去。」

他們愛如往昔，如薄暮雲霞中冉冉升起的朝陽，如閃爍星光中淺淺襯起的鵝黃月暈，那麼自然。他們悄無聲息地背著母親和大哥來到叢林深處，星空是他們愛的見證，叢林是他們交歡的護衛。他們生澀而隱晦地摸索著對方，未知的一課在曠野中暴露著，野外的危險已經無法超越他們兩人身體裡爆發的強烈資訊，他要她，她也要他。

他小心翼翼地解開她的衣衫，撥開緊貼的髮絲。瑪格麗特在瑟瑟發抖，她緊張害怕的同時，又無法壓制自己也想擁有他的想法。小哥哥把她融進自己的身體裡，什麼妹妹，這是我愛的人，我靈魂深處的女人……

小哥哥享受到了樂趣，他把什麼都忘記了，他幸福地哭了。瑪

第二章　抵擋太平洋的堤壩
禁忌之愛

格麗特也哭了。他們這種摒棄倫理的探索，從好奇延伸到了性愛的狂歡。

她一夜蛻變，從生澀的小女孩蛻變成了熟知情慾的女人，小哥哥有的時候會把委屈變成更為兇猛的占有，妹妹在身下忘情地呻吟著。這一刻是靜止的，全世界都停下了節拍。

我中有你，你中有我，他們是慾望的交織，是同情的交疊，不同於其他的情侶，他們是禁忌之戀。那些壓抑在痛苦和殘暴下的委屈，是讓他們更為惺惺相惜的紐帶，哥哥愛著她，她也想保護他。所以，每當看到大哥欺負小哥哥的時候，她就像滿血復活的殺手，恨不得立刻殺死大哥。

「當我十八歲的時候，突然發生了一件事，使我在這個年齡更加乾枯、衰老。事情是在夜裡發生的。我當時真害怕我自己，也害怕上帝。只是到了白天，我才不那麼害怕，死亡也不顯得那麼沉重。但是死神的魔影仍不離開我。當時我真把我哥哥殺了，真想把他殺掉。我真想制伏他，就是一次也罷，然後看著他死去。那是為了當著我母親的面，除掉一件她心愛的東西，就是她這個兒子。他恩將仇報，懲罰母親，卻是因為母親對他的厚愛，同時，我想也是為了從哥哥的手裡拯救出小哥哥的生命。」

大哥發現了保爾和瑪格麗特的私情，他沒有阻攔，而是在深夜來襲時，偷偷爬上妹妹的床，意圖強暴她。懦弱無能的小哥哥充滿委屈，卻默默忍受。他懼怕大哥，他痛恨自己，壓抑自己。

「哥哥可以說是小哥哥身上一塊遮著陽光的黑布，是一個無法

永遠的情人莒哈絲（修訂版）

無天、為所欲為的人。他雖屬人類，卻行禽獸之道。在我的小哥哥有生之年，他無時無刻不在我們的生活中製造恐怖，而當這種恐怖觸及他的心靈的時候，即令其喪生。」（《情人》）

是啊，想殺掉他，制伏他，因為他大哥在她十八歲的時候強暴她。她無力抵抗，對母親那偏袒的漠視更為痛恨，母親的縱容比謾罵羞辱更為可怕，因為那表明她是麻木的。瑪麗看著自己的小兒子在默默忍受，看著他們相互廝打。她是夜深人靜中詭異的巫婆，在毫無愧疚地看著這部「悲慘世界」一幕幕上演，一夜夜落幕。小哥哥的懦弱來自這個家，小哥哥的悲劇也源自這個家。他們都恨著那個兇殘野蠻的大哥，但比起兇殘的大哥，他們更恨那個冷血無情的母親。只有苟延殘喘，才能在這樣的家庭裡生存得坦蕩而拔尖。或許世事就是這樣的難以捉摸，命運就是如此無可預料。或許大多數人已經習慣用放大鏡去觀察所謂的渺小，但在渺小之處，人們又顯得如此淺薄，甚至容不下一粒塵埃。

兄妹亂倫，兄弟不和，強暴、蠻橫、漠視，這些不可解的詛咒，成就了心酸的濃重一筆。謾罵、同情、理解和諷刺都已經不重要了，就像《情人》裡的瑪格麗特用母親的口吻對自己說：「你不應當為他痛苦。作為母親，說出這樣的話來的確很可怕，但是我還是要對你說，沒有必要。」

水稻女王的富翁夢一夜幻滅，就此打破。現實擊碎了萬花筒，她已處在崩潰邊緣，女兒是她唯一在失敗下還能重拾信心的動力，是危急關頭時還能想起為她撐足面子的懷想，那是她僅剩的榮光。

第二章　抵擋太平洋的堤壩
禁忌之愛

她安慰自己，那些失去的終會回來。

1929年，瑪格麗特的母親決定讓女兒就讀西貢的夏斯盧—洛巴公立中學。瑪麗覺得自己的女兒非常優秀，不用擔心，她認定女兒是能繼承她教師衣缽的唯一人選。

可那時候的瑪格麗特是叛逆的，她缺課，不合群，成績不理想，甚至還能把書包扔到老師的臉上。零蛋的分數、教導處的懲戒，這些都是她任性的苦果。這是她讀書時最低潮的階段。周邊的質疑聲越來越多，瑪麗對自己女兒的信任卻沒有動搖，這非常難得。「我法文考第一名。校長告訴她說：『太太，你的女兒法文考第一名。』我母親什麼也沒有說，一句話也沒有說，她並不滿意，因為法文考第一的不是她的兒子⋯⋯」

「她不管我的小哥哥，甚至說他不聰明，把希望都寄託在我身上，她認為我具有學習的天賦，比小哥哥強。」瑪格麗特曾跟母親坦言說，自己喜歡寫作，但是瑪麗很反對，覺得寫作並不能帶來什麼，她覺得這是一種虛淺沒有作為的理想。在瑪麗心裡，那個妄想成為印度支那最勇敢的獵手而日日不見蹤影做野人的小兒子，實在沒什麼讓她可喜歡的，而大兒子即便天天蜷縮在煙榻上吞雲吐霧，遊手好閒，致使家裡債台高築，還偷僕人的錢抽大煙，瑪麗也縱容著。絲毫不受寵愛的小兒子，依然過著他悲哀的獵人生活。比起放養般的養育，那種拋棄式的親情更令他絕望。

瑪格麗特知道自己並非不聰明，只是沒有找到適合自己學習的方法，她一臉茫然地對著這些無法融入的人或事物。起初，她只對

永遠的情人莒哈絲（修訂版）

數學著迷，但到了後面，讓她信心滿滿的數學也名落孫山，這對瑪格麗特來說是很讓人沮喪的。瑪麗為女兒找了一戶寄宿的人家，讓她住在那裡。而《情人》裡說的里奧泰寄宿學校並不存在，真實存在的是一個C小姐，瑪格麗特不喜歡她，甚至把她寫入了《蟒蛇》中，稱她為「長鬈毛」，一個花枝妖豔卻得不到性滿足的老處女，說她是寧可不吃飯也喜歡在瑪格麗特面前半裸著身子的變態自戀狂。

瑪格麗特說她在用《蟒蛇》表達C小姐的創傷，徐徐漸進，直至糜爛。在書中，C小姐的左邊乳房得了乳腺癌，C小姐只給瑪格麗特看左邊的乳房，讓她欣賞那個滿目瘡痍終將腐爛的左乳，她總是說：「你看。」瑪格麗特說：「是的，我看。」看那破敗漸衰的肢體，如末日流沙，毀滅在生之盡頭。一切都是精心烹製的創傷，就像瑪格麗特總喜歡在寄宿的時候敞開自己的乳房觀賞。「我的乳房很乾淨，很白。這是在這所房子裡，我身上唯一讓我感到愉快的東西。」

是報復嗎？她不喜歡C小姐，所以才把她的乳房寫得那麼不堪嗎？

一切不言而喻。

「我從來沒有融入過某個地方，雖然我原本可以感覺比較自如的，我總是在等待，在尋找另一個地方，另一個時間上的安排。我從來沒有到過我真正想去的地方。」（《物質生活》）

顛沛流離的生活，使她不知道哪裡是她找尋的地方，雖然她在

第二章　抵擋太平洋的堤壩
禁忌之愛

印度支那度過了短暫的童年和少年，但從「我從來沒有找到過我真正想去的地方」這句話裡可見，她並不覺得這個短暫停泊的地方是她真正想停留的，她只是依戀並非久居，所謂的久居也是她後來定居買房住的諾夫勒。這個C小姐的寄宿房充斥著她的厭惡，亦如她還沒有融入的校園生活。

高二時期，瑪格麗特異軍突起，整個中學都在念她的作文，老師甚至都拒絕打分數，因為寫得實在太好，但瑪格麗特說，自己並沒有讀過法國文學。像是一夜蛻變，她又成了優秀的學生，她不再擔驚受怕，能坦然自若地把自己的作業本給母親看。看著因為成績而失聲痛哭的母親，瑪格麗特都想上前去擁抱她，雖然她深知母親痛哭只是因為對自己孤注一擲的押寶有了日漸提高的成效而高興，富翁夢雖然破敗了，但是為她撐足面子的女兒又逆襲回歸了。

之後，瑪麗又安排了一次住宿的搬遷，這次瑪格麗特搬到政府的寄宿宿舍，原因就在於有獎學金。瑪麗每天都在精打細算地節約生活開支。雖然瑪麗和小哥哥有的時候會來看她，但是瑪格麗特嫌棄母親的穿著，並不希望母親來看望她。

「我的母親，我的親人，一個不可思議的穿著杜阿姨縫製的棉線長筒襪的怪人。在熱帶地區，她還自以為作為女校長就應該穿著長筒襪。她的連衣裙也不成體統，渾身都是褶子。」有人的地方就有議論，正是敏感期的瑪格麗特是羞澀的，她討厭別人窺視的目光，討厭人們把她當作議論的焦點，而那個穿著不堪的母親，令她很不自在。因為與孤獨為伍，與學習為伴，覥腆而害羞的瑪格麗特

永遠的情人莒哈絲（修訂版）

期望自己是被玻璃隔絕的物種。但她卻忘記了，透過玻璃是更為直觀的袒露，越加遮掩，就越加顯露。

十四歲的瑪格麗特穿著搭在膝蓋上的連衣裙，剛剛發育，乳房微微隆起，戴著那頂男士氈帽，像避之唯恐不及似的拿著小包，蹬著皮鞋，小心翼翼地低著頭走路，膽怯如過街老鼠一般，她覺得有一股無盡的羞恥和難以填補的無奈使自己化了妝的面孔顯得更為蒼老。

阿德賴爾筆下的德尼斯·奧約說，那個瘦弱、漂亮、長髮編成辮子的瑪格麗特是和善的，合群，數學非常好，好到所有男孩有不會的題目都會來問她，但她很保守，不愛說話，甚至給人一種高高在上的感覺。其實，她不是高高在上，她只是不想讓同學記得她，她怕有被嘲弄的一天。這樣有一定距離的相處就很好，不必互獻殷勤，不必互相攀比，不必假惺惺。

在她的學校裡，都是日漸小有名氣的孩子，有些還是行政官員的子女，也有越南人。那些白人也會有越南人追求她們，但是她們覺得很尷尬，因為不會有發展。他們屬於「從來不會蔑視安南人，但出了學校門，就再也不想和他們接觸的一代」。與其產生感情，倒還不如不相識。所以，瑪格麗特說：「像進入地獄那樣，苦不堪言。」這被催熟的心思，壓抑著年幼的她，也給她在文采上帶來了一股萎靡的氣息。好的一面是她過早地跨越了現實，悲哀的是，她也過早地領悟到了現實。

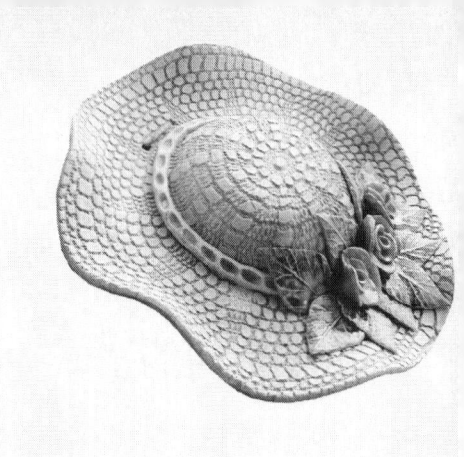

第三章　中國北方來的情人

《莒哈絲語錄》

　　他說，他覺得真怪，怪到了這種程度，關於他倆的經歷，他一直記憶猶新，他一直愛她，這輩子永遠都不會忘記她，他愛她至死不渝。

永遠的情人莒哈絲（修訂版）

湄公河的男人

西貢是個很複雜的城市，白人女孩基本上在放學的時候都有專門接送的司機在校門口等候著。但瑪格麗特是個例外，當時她住在沙瀝，來回往返於西貢與沙瀝之間。在 1929 年末，也正是因為這樣的往返，使瑪格麗特遇見了他。

「我還小。」

「多大了？」

她按照中國人的計算年齡的方式回答他：「十六歲。」

「不，」他微笑著說，「這不是真的。」

「十五歲……十五歲半……行嗎？」

「行。」

這個他，就是她在湄公河上遇見的中國情人。

他的真實名字叫黃水梨（Huynh Thuy Le），但大家都叫他萊奧。瑪格麗特形容他是跳梁小丑，因為他又矮又瘦，雙肩垂下，她一語論定他一點都不好看，比一般的安南人要醜陋得多。但他是在印度支那地區坐擁五千套住宅的中國富商的兒子。

因為家住沙瀝，瑪格麗特要返回西貢學校，中途需要搭乘一艘湄公河支流的渡船。正是在這渡船上，十五歲半的瑪格麗特遇見了

第三章　中國北方來的情人
湄公河的男人

坐在豪華轎車上的萊奧，他們相識了。

在渡船上，瑪格麗特穿著茶褐色真絲連衣裙，戴著一頂男式氈帽，細細的麻花辮下用一條簡易的鞋帶樣式蝴蝶結繫著，俯身靠著渡船的舷牆。細密的清風拂過，微微洞開的上衣領口在風吹下拂動著，腳上蹬著一雙鑲金條帶的高跟鞋。這條船上大多是衣著襤褸的越南人，濃煙飄散，搖鈴晃動，她俯身凝望著洶湧渾濁的河流從她面前流過，捲帶著泥土的渾濁河水把雜物一併帶走，漂浮著雜木、水牛、茅屋的廢料、長滿風信子的草垛等等。

在一輛大汽車的旁邊，穿著白色制服的司機從那輛高檔的黑色利穆新轎車上走了下來。這輛車用滑動的玻璃窗將司機和主人前後隔開，裡面有個男人坐在折疊式的座椅上直勾勾地看著那個靠著舷牆的女子。他是穿著一身生絲西裝的亞裔青年，他看著她，看著她⋯⋯

他腳上是一雙褐色皮鞋，走下車，他拿白汗巾擦拭了下，步履輕緩地靠近女子身邊，緊張到手發抖地拿出煙盒問她：「小姐，你抽煙嗎？」她拒絕了。他很小心翼翼，他不知道如何跟這個法國女子溝通，顫抖的手掌和緊張的面龐都洩露了他的不安：她會不會喜歡上我呢？

他誇獎她的男士氈帽，甚至語無倫次地誇獎著她。她終於注意到他，問他是誰。

他告訴她，他是河對岸那個藍色石屋的主人。對於緊張的他而言，富有是他最不緊繃的話題。他腰纏萬貫，富甲一方，是從巴黎

永遠的情人莒哈絲（修訂版）

留學回來的富二代。他還提出了邀請：「我可以載你到西貢。」意思是可以用那豪華的利穆新轎車接送她。

他們開始議論起行政長官的妻子，還有那個自殺的男人，他倆談論著那個人的真實性，質疑著這個人是否存在過。

他們不是愛人，因為瑪格麗特並不愛他，至多是她人生豔遇中袒露的一筆。坐在那個小房子似的車廂內，他徵詢她的同意後，又抽了一支英國香煙。她看著他手上的那枚大鑽戒，在《抵擋太平洋的堤壩》中，鑽戒是帶有挑逗的性暗示裝飾品。當她想到以往帶著鑽石戒指對她不理不睬的人，這個誇獎她是個漂亮姑娘的中國人，實在讓她受寵若驚。

她對愛的渴求從未停止，而在此刻，她更享受的是被憐愛的感覺。

那輛黑色的轎車不急不緩地行駛著，道路兩邊是綠色延伸的棕櫚樹、椰子樹和芭蕉葉叢，車身捲帶著飛揚的塵土。下定決心的中國人，手緩慢地伸向坐在一邊的她，小拇指輕輕碰觸地試探，看見沒有拒絕，繼而撫摸上她青蔥雪白的掌背，再用寬大的掌間，像梳子般一個個交叉而下。她閉著眼，感受這微妙的一刻。西貢到了，繁華來不及注視，他的手已經伸向她的腿間。車停了，他們的臉上都掛著銷魂過後又略帶無措的羞澀。

書中，那個負責帶她回沙瀝的醫生把她送到了寄宿學校，而萊奧說他們還會再見面。她深知她被他的錢誘惑，雖然沒有正面回答他，但是她已經開始動搖了。

第三章　中國北方來的情人
湄公河的男人

電影裡，她下車，她對他說了句再見。他什麼也沒說，戀戀不捨地隔著車窗看著她走了進去⋯⋯

上面兩種詮釋，我更喜歡書裡那種坦誠無比的心境。她深知自己不是真心愛他，她愛的只是他的錢。書中這種直觀上的衝擊和電影版朦朧中的若即若離，我更傾向於書裡的那個她，逼真，卻令人心生理解。

第二天午休時，她聽見窗外刺耳的喇叭聲。她知道是萊奧⋯⋯他乘著那輛黑色轎車途經她住的地方有三十五次。她數得很清楚，因為每次在她房子前都能感受到車速減慢，但從未停下。直到她下午去上學的時候，她看到萊奧倚著車門在路口等她，依舊是那套生絲西服，她還是那條真絲茶褐色的連衣裙。電影裡，她靠近萊奧的轎車，嘴角微揚，眼色迷離，似吻非吻地靠近他，靠近他⋯⋯雖然隔著透明的車窗玻璃，但是那個中國男人早已經心亂如麻，緩緩閉上雙眸，為自己那掩飾不了的情慾而失措。

她似乎迷上了萊奧的黑色轎車，又坐了上去，一上車就問他車子的品牌和價格。那龐大的數字，對她家而言，是要分好幾次才能付清的鉅款，而萊奧太幸福了，對他而言，錢不過是信手拈來的東西，他最不缺這個。相反，瑪格麗特卻很需要，她以他的車為榮，她打算讓大家都能看到這輛車，於是刻意站在車前，生怕同學沒有注意到此刻不一般的她。

是小女生的虛榮心作祟還是貧窮女對錢的無限渴望，總之，她當時就是悔恨的，因為她把自己深陷到一陣耳鳴又混沌的狀態。

永遠的情人莒哈絲（修訂版）

「我將有一輛利穆新大轎車送我去上學，可我也將永遠生活在悔恨之中，悔恨我的所作所為，我所獲得的一切，悔恨我所拋棄的一切，好壞都一樣，讓我感到悔恨。」（《情人》）

這件事情她來不及阻攔，像有燎原之勢，很快傳遍了西貢。來不及懊惱，來不及反思，雖然他有豪華的轎車，但不幸的是，他是一個中國人。瑪格麗特的母親讓女兒對天發誓，絕不能以身相許，但同時又默許這種交往。債台高築的瑪麗，不得不面對入不敷出的生活。風刀霜劍相逼的日子，她忍受著逼迫式的生活，越加把自己磨礪得粗暴。她是孤獨的女人，得不到認同，又拼了命地偽裝著幸福的假象。人生裡最黑暗的時光莫過於深受貧窮的折磨，還要將這貧窮的慘狀加以遮掩，以維持那表裡不一又眾人皆知的假面具。處處格格不入的母親備受女兒嫌棄，瑪格麗特以母親為恥，她們互相厭煩著對方，母親也不再去看望她。母親對這段關係的默許，她的「自由」……都讓她覺得悲哀，悲哀自己像個白人妓女一樣解放著肢體。

這樣的種族和家庭背景都無法契合的「交往」是不被看好的，雖然她的初衷只是為了他的錢。因為他的錢，她才有慾望；因為他的錢，她才能「愛」他。如果他貧瘠、襤褸，食不果腹，她是不會正眼瞧他的，因為她受夠了那樣的生活。除了錢，她一概不愛。

不被看好的「戀情」還在持續著。她觀察著萊奧，想方設法套問他的財產。他說他大概有五千萬法郎的不動產，散布在整個交趾支那，他是獨生子，這巨額的財產非他莫屬。這樣保守的估價，已

第三章　中國北方來的情人
湄公河的男人

經讓她神魂顛倒，想入非非。她之所以將湍急的河流寫得那般渾濁和隱晦，設計了那麼多的漂浮物，是她想用筆下的洪流沖走那些令她感到窒息的滅亡。而這氣勢恢宏的河流匯聚一端後，卻是將要來臨的更為咆哮的衝擊，是轟動的「愛情」。

「整條怒江或許是一人的眼淚

你美得讓浪子回頭

讓它像個姑娘」

這段概述瑪格麗特的三行情書，讓我們領會到，她的美讓萊奧魂牽夢縈，輾轉反側。這個隱祕而憂傷的女孩，總是不加掩飾地表露著她不符年齡的成熟。欲迎還拒的忸怩、爐火純青的洞悉，這樣大膽且不做作的女孩，在當時閉塞的越南是少見的。萊奧說過，他討厭巴黎這個城市，甚至討厭巴黎姑娘。他有很多錢，見過各種各樣的女子，這樣情場上的浪子，卻定格在此刻。他愛上她，「芳心暗許，目送秋波」。

「從最初的一剎那開始，她就知道是怎麼回事，她明白，他已經受她的支配。縱然不是他，就是換一個別的男人，當機會降臨的時候，也同樣會任由她擺布。她同時也知道事情的另外一面，從今以後，令她身不由己的時刻已經到來，她將無法擺脫自己應盡的義務。」她把將要面對的事稱作是應盡的義務，可見，她並不嚮往這一刻的到來，甚至是抗拒的。

瑪格麗特描述過她被萊奧偷吻的過程。下課後，他依舊站在校門口等她，他帶她去沙瀝度假，路上，他控制不住自己想擁抱她的

永遠的情人苢哈絲（修訂版）

慾望，他抱著她，她枕靠在他身上。就在這天晚上，萊奧突然失控，吻上了她的紅唇，她沒有防備，雖然觸感柔軟，但她覺得噁心。她推開了萊奧，不停地吐唾沫，甚至第二天都還在吐。萊奧很愕然，問她：「我讓你倒胃口嗎？」

她在心裡答覆自己：「確實。」這是未在自願下的強占，讓人覺得像被占了便宜一樣。

萊奧理解似的說：「我明白我讓你倒胃口了，你沒必要掩飾自己。」見此，她哭啼起來，同時又故作扭捏地說：「我很笨拙，因為這是我的第一次。」

萊奧聞聽，更加激動地摟抱著瑪格麗特，亢奮地說：「你真讓我痛不欲生。」

這句話的深層含義是：「我情願死在你的手上，不管你是要生吞還是活剝，我都任你處置。」

落入愛情沼澤的人，大多缺乏看清真相的智商，世上能有幾個不昏頭？

愛的火焰一旦燃起，誰都無法阻攔它的熾烈。

《苢哈絲語錄》

在城裡這個地方的「邂逅」便作為他們故事開始的相遇永遠地留存下來，從這次相遇開始，他們便成了她創作的那本書裡的情侶。

第三章　中國北方來的情人
中國城裡的小房子

中國城裡的小房子

　　在一個慵懶的星期四下午，她坐上那輛黑色轎車，拂風駁影，綠葉在光下閃爍著銅亮的光澤。他們走到一個迴盪著燒肉味和茶葉香的深巷中，漫天塵土和濃重煤氣味撲面襲來。

　　這是中國城。他帶她走進了一間藍色的小房子，灰暗的光線從百葉窗中傾灑而下，簡易的傢俱，零落的擺設，幾盆未澆水的樹根盆景。屋外的公雞鳴叫，車夫的吆喝聲穿梭而過。寂靜的屋裡，兩人都侷促不安。

　　「整個房間都被包圍在這些嘈雜的聲音之中。而他，正在那裡發抖。首先他看著她，似乎要等她開口。可是她一言未發，於是他也就不再動了。他並沒有去脫掉她的衣服，他只是對她說，他愛她愛得發瘋，他說話時聲音壓得很低，然後他便緘默不語。她沒有回答他的話。她滿可以對他說她並不愛他，可她什麼也沒說。突然間，她頓時意識到他並不了解她，並且將永遠不了解她，因為他淺於世故，也不懂得去繞那麼多圈子把她抓住，這一點他將永遠也辦不到。只有她才能懂得這一切。只有她心裡是明白的。」（《情人》）

　　「他從不勉強我，他知道我還是一個處女。」

　　他不勉強瑪格麗特，只對她的腰身、頭髮、鮮嫩的臉頰感興趣。

永遠的情人莒哈絲（修訂版）

「他可憐我，我說不，我並不可憐，除了我母親，誰也不可憐。他對我說：『你之所以來，那是因為我有錢。』我說我喜歡他，同時也喜歡他的錢。」她明白，她愛上的是那輛利穆新轎車，而不是他。

「我清楚地記得，房間裡光線很暗，我們都沒有說話，房間四周被城市那種持續不斷的雜訊包圍著。城市如同一列火車，這個房間就像是在火車上。窗上都沒有嵌玻璃，只有窗簾和百葉窗。透過窗簾，可以看到外面太陽下人行道上走過的人。行人熙熙攘攘，人影規則地被百葉窗橫條木劃成一條條的。木拖鞋聲一下下敲得你頭痛，聲音刺耳，中國話說起來像是在吼叫，總讓我想到沙漠上說的語言，一種難以想像的奇異的語言。」（《情人》）

「我不想你滔滔不絕，照你平時的做法吧。」她深知坐上他的車的那一刻起，這一天總會到來，侷促緊張感圍繞著他們，他占有性的目光像寬大的手掌緩慢地剝離了她的裙子。

望著她的胴體，他挪開她遮擋在胸前的雙手。他們在這間幽暗的房子裡，相互親吻著，撫摸著。小手輕輕為他寬衣，為他解扣，他的軀體彈性、絲滑，但並不強壯。缺乏陽剛之氣，但是卻生機勃勃。

她給他說起了她的兩位哥哥，說他們沒有錢，說哥哥會偷母親的錢去抽大煙，說那個毀了母親的堤壩……結果，他都知道，他說他在鎮上的煙館看到過她大哥，說起過那個堤壩……他們並不隱瞞，裸露之下，是坦誠相交，可是這種坦誠對她而言，不過是祭奠

第三章　中國北方來的情人
中國城裡的小房子

在貧窮床上的獻禮，只會讓她感到更為厭惡，落差比種族的差異更令她羞愧。

「他大概經常到這個房間來，這個人大概和女人做愛不在少數，他這個人又總是膽小害怕，他大概用多和女人做愛的辦法來克服恐懼。我告訴他，我認為他有許多女人，我喜歡我有這樣的想法，混在這些女人中間不分彼此，我喜歡我有這樣的想法。我們互相對著看。我剛剛說的話，他理解，他心裡明白。相互對視的目光這時發生了質變，猛然之間，變成虛偽的了，最後轉向惡，歸於死亡。」（《情人》）

瑪格麗特說，寫作像風一樣吹過來，赤裸裸的。它是墨水，是筆頭的東西，它和生活中的其他東西不一樣，僅此而已。

而生活以外是什麼，對瑪格麗特而言，除了寫作就是愛情，可她又曾否決過愛情，說愛情並不存在，男女之間有的只是激情，在愛情中尋找安逸是絕對不適合的，甚至是可憐的，但又認為，如果活著沒有愛，心中沒有期待的位置，那是無法想像的。

她抗拒愛的同時，更渴望愛，渴望被愛。

「吻在身體上，催人淚下。也許有人說那是慰藉。在家裡，我是不哭的。那天，在那個房間裡，流淚、哭泣，對過去，對未來，都是一種安慰。我告訴他說，我終歸是要和我的母親分開的，遲早我會不再愛我的母親。我哭了。他的頭靠在我的身上，因為我哭，他也哭了。我告訴他，在我的幼年，我的夢充滿著我母親的不幸。」

瑪格麗特終生都在找尋那躲藏的母愛，她呼喚著，渴求著，

永遠的情人莒哈絲（修訂版）

濃濃地攪動著心底炙熱的恨意。它洶湧來襲，燃燒著她的孤獨與絕望，散發出最原始的怒吼，連壓抑在心底那飢渴的性欲都無法抵擋。

　　尋歡作樂漸漸失去了原有的味道。他們有了夜生活，他帶她去了高檔的中式餐廳，她一邊大快朵頤一邊對他說，如果哥哥知道她和中國人睡覺會殺了他。他卻告訴她，他們雖然發生過關係，但不可能成為夫妻。她尷尬地強笑，繼續吃著碗裡的菜。她看他從皮夾子裡拿出大額鈔票放在桌上，她死死盯著，仿佛那躺著的鈔票就是她。夜晚，躺在宿舍床上的她，眼睛閃爍著淚的光芒。

　　「我問他，像我們，總是這樣悲戚憂傷，是不是常有的事。他說這是因為我們在白天最熱的時候做愛。他說，事後總是要感到心慌害怕的。他笑著說：『不管是真愛還是不愛，心裡總要感到慌亂，總是害怕的。』他說，到夜晚，就消失了，暗夜馬上就要來臨。我對他說，那不僅僅因為是白天，他錯了。我說這種悲戚憂傷本來是我所期待的，我原本就在悲苦之中，它原本就由我而出。我說我永遠是悲哀的。」（《情人》）

　　「小姑娘沒有被強姦，是母親把她送給情人的。」這是瑪格麗特和克洛德・貝里在籌拍《情人》時表述的對母親的看法。她不贊同自己女兒跟一個中國人在一起，即便他有錢。但比起富有，他們自認高貴的血統是不容許他們和華人在一起的，因為那是墮落可恥的行徑。

　　瑪麗瘋狂地撕碎女兒的衣服，抽打，辱罵，像狗一樣反覆嗅著

第三章　中國北方來的情人
中國城裡的小房子

女兒身體的氣息。瑪麗覺得，那種淫靡的體味，就像妓女的身體裡殘留著的與嫖客溫存的證據。骯髒、妓女、騷貨、下賤……母親的嘴裡噴吐著這些詞彙。她壓抑著內心的悲傷，對母親說：「我只是為了錢。」

之後，瑪麗並沒有對女兒和萊奧的來往進行實質性的阻攔，反而反覆提醒女兒不能和他發生性關係。她這是在變相默許著女兒繼續與中國情人來往。因為他有錢，他們都需要錢。

「我和他一起是為了錢，我不能愛上他，因為他是中國人……我們暫停情侶關係，他雖然坐在我的身旁，但對我不再重要……他的存在令人覺得羞愧。」她的母親和兩個哥哥都索要著萊奧的錢。母親會傳達給女兒需要用錢的地方，她麻木似的接受指令，巧妙地放低姿態央求著萊奧，毫無羞恥地接受著他送的禮物和固定的資費。貪婪的索取下，萊奧越加像一個嫖客，在享受後，慣性地給予「嫖資」，而「母親講著，說著，講到那種大出風頭的賣淫，她笑出聲來，她又講到醜聞，講這種微不足道的可笑的事」的時候，她終於感覺到了羞恥，甚至是無地自容的羞愧。

人們常說「笑貧不笑娼」，但這樣又貧又娼的末日，讓她覺得自己已經被附著在不幸之上，被摧毀了，還不如死了好。

「他拿我當一個妓女，一隻破鞋。他對我說，我是他唯一的愛情，而這當然是他應該說的。因為當你任憑他胡言亂語、為所欲為，當你身不由己、任其隨意擺弄竭盡百般猥褻之能事的時候，他會覺得什麼都是精華，沒有糟粕，所有的糟粕都被掩蓋起來，在情慾的

永遠的情人莒哈絲（修訂版）

推動下，全都併入洪流之中流走了。」無法抗爭才能任其隨意，她發出了新的感嘆，「如果我不是一個作家，會是個妓女。」

不排除很多的可能性，但這個時期，應該是給她在文學和情慾上都帶來新的感觀認知。瑪格麗特或許會覺得妓女並不可恥，但也絕不高尚，她接受這個所謂的骯髒字眼，她不需要被認同，她願意在自己的筆下沉淪。

隨著流言四起，謾罵荼毒的子彈射向她備感孤獨的心。同學的有色眼光，身邊人睥睨的壞笑……她被人說成是西貢最年輕的腐化女人，是能為了錢喪失自尊的下賤妓女。甚至同學和學監都性騷擾她，她演變成大家眼裡最隨便的壞女孩。萊奧常常這麼說她，因為她讓他感到了自己的無能，即便他揮金如土，縱容她，寵愛她，但還不如那骯髒的鈔票，來得更讓她歡喜。

中國情人曾經邀請瑪格麗特的家人共進晚餐，她的大哥點了飯店裡最昂貴的紅酒和西餐。萊奧熱情澎湃地說著他家的變遷史，他們毫不關心，也互不交談，只是低著頭狼吞虎嚥。中國情人一臉尷尬地面對著他們，與往日的光鮮亮麗相比，這些毫不優雅的法國人更令他感到可悲和無趣。

杯盤狼藉，一頓飽食，他們貪婪地坐著，母親假寐著，服務員拿來了帳單給她的大哥。大哥瞅了一眼，沒有一絲尷尬地把帳單推向了萊奧，就連瑪格麗特也絲毫不扭捏地把帳單放在了他旁邊。萊奧拿出錢包，刷刷刷的鈔票聲，那個半睡眠狀態的母親醒了、笑了，瑪格麗特也發出了冷笑聲。

第三章　中國北方來的情人
中國城裡的小房子

「我的兩個哥哥根本不和他說話。在他們眼中，他就好像是看不見的，好像他這個人密度不夠，他們看不見，看不清，也聽不出。這是因為他有求於我，在原則上，我不應該愛他，我和他在一起是為了他的錢，我也不可能愛他，那是不可能的，他或許可能承擔我的一切，但這種愛情不會有結果。因為他是中國人，不是白人……有我家人在場，我是不應該和他說話的。除非，對了，我代表我的家人向他發出什麼資訊，比如說，飯後，我的兩個哥哥對我說，他們想到泉園去喝酒跳舞，我就轉告他說：他們想到泉園去喝酒跳舞。」（《情人》）

萊奧起初想假裝沒聽明白，他只想和瑪格麗特靜靜地待一會兒，但他被擱置一邊，除了被動，還是被動。萊奧忍耐著這活受罪的每分每秒，最後選擇了滿足他們的要求，去跳舞喝酒。

激昂的舞步，狂放的笑聲，他明顯感受到自己是個多餘者，「兩個哥哥都看不起萊奧，他們總是顯出一副高高在上的樣子，也不說話。母親則和善而悲傷地微笑著，看著她的孩子驕傲地跳舞……」

瑪格麗特和小哥哥相互摟抱著對方，跳著快步，萊奧明顯感到他們之間不尋常的火花，他相當窩火。剛才還在癲狂發笑的母親，看著自己的子女，在萊奧面前哭了，「先生，請原諒他，原諒我們，我教子無方，應有此報應。應該受懲罰的人是我……」實際上，瑪格麗特的母親不會懺悔，瑪格麗特在越加枯竭的親情裡飽受著傷痛和殘缺，忍受著野蠻和毆打，但這無損瑪格麗特對母愛的奢求。所以，在愛的渴望下，她篡改了不公的命運，在電影裡還原了一個母

永遠的情人苢哈絲（修訂版）

親應有的自省。

舞會結束，他和她又回到了那個私密的小房子，她看到他不動聲色的怒火，她緊張地搓著掌心，不敢直視他那陰鷙的目光。突然，他兇狠地掌摑了她的左臉，用力把她推倒在床上，像對待妓女一樣，沒有任何前奏，就粗暴地闖了進去。她一臉痛苦地仰躺著，像具活著的死屍，一聲不吭。他粗魯地發洩著他的憤怒、妒忌還有鄙夷，但卻在最後一刻退了出來。因為比起強暴，她的無所謂，更讓他覺得噁心。他一臉嫌惡地抽起了煙，而她則晃動著雪白的細腿問：「我剛才的表現值多少錢？在妓院，你需付多少錢？」

他問她：「你想要多少？」

她對萊奧說：「我媽要五百皮阿斯特。」

他起身，從衣服的皮夾裡拿出一遝錢，狠狠地摔在小桌上，也像摔在她的臉上。

「我幾乎總是生活在一種罪惡感之中，而這一切只能增加我的傲慢和惡毒，因為我很驕傲，我不願意表現出悲傷的樣子。」很多時候，她只能偽裝著自己，她不想這麼活著，雖然一切都是不情不願，但她還是照做不誤。

第二天，雨聲犀利，她把萊奧丟給她的五百皮阿斯特交給了母親，母親很自然地塞進包裡，隨後走向校長辦公室，請求校方同意讓自己的女兒可以在晚間外出活動，不要限制她回來的時間，而且晚歸也不會影響她優秀的成績。還說自己的女兒喜歡自由，如果不自由，她會離家出走。就這樣，校長接受了瑪格麗特母親的要求。

第三章　中國北方來的情人
中國城裡的小房子

　　突然想起沈從文筆下的《丈夫》，一樣的麻木不仁，一樣的違背人倫道德的底線，荒誕而又讓人不是滋味。荒淫和墮落往往架構在一個天平之上，他們都在現實筆下演變成了最不幸的犧牲品。

　　「他求他的父親准許他去體驗一次這樣的生活，僅僅一次，一次類似這樣的激情，這樣的魔狂，對白人小姑娘發狂一般的愛情，在把她送回法國之前，讓她和他在一起，請求給他一點時間，讓他有時間去愛她，也許一年時間，因為，對他來說，放棄愛情絕不可能，這樣的愛情是那麼新，那麼強烈，力量還在增強，強行和她分開，那是太可怕了，他也清楚，這是絕不會重複再現的，不會再有的。」（《情人》）

　　紙是包不住火的，那個頑固不化的父親還是知道了他倆的往來。中國男人回到那個老古宅，虔誠焚香拜祖，跪在那個不停抽大煙的父親面前，訴說著自己多愛這個法國的白人女孩，他想和她結婚。父親斷然拒絕，重複著那句話，「寧可看著他死」。他要萊奧迎娶素未謀面的女子，萊奧很傷心。

　　瑪格麗特之所以想嫁給萊奧，是因為他有錢，有錢就可以去法國，有錢就可以逃離母親和大哥殘暴的對待，這是她所認為的唯一方法。可惜，這個唯一方法也被中國情人的父親扼殺在搖籃之中。

　　「我發現，要他違抗父命而愛我娶我，把我帶走，他沒有這個力量。他找不到戰勝恐懼去取得愛的力量，因此他總是哭。他的英雄氣概，那就是我；他的奴性，那就是他的父親的金錢。」（《情人》）

永遠的情人莒哈絲（修訂版）

瑪格麗特回憶說：「在我和萊奧交往一年多之後，他痛心地告訴我，他不能娶我，否則他父親將剝奪他所有的繼承權。」他不能反抗。脫離父親，等於一無所有。但比起一無所有，更可悲的是只愛錢的瑪格麗特決計不會愛上一個一無所有的中國男人。因為比起廉價的愛情，那鍍金的包裝更令她目眩神迷。

曾經他很害怕她會外遇，因為他覺得她太年輕。原本他還有些害怕洩露關係會有牢獄之災，但得知她母親根本打不起官司，他的怯懦和害怕就沒有了，反而變得無所畏懼。

然而，就是這樣曾經為愛情據理力爭的中國男人，最後還是拜倒在了金錢的墳堆裡，越發顯露他的無能和懦弱。他是自私的，前一秒對她說著「我此生不會再愛別人」，下一秒就說「我不能捨棄父親的財富」。

在金錢和愛情下，他一點都不矛盾，因為他明確知道自己需要什麼。

《莒哈絲語錄》

他們快分手了。她記得當時要開口說話是多麼艱難，不忍心啊，欲念是那麼強烈，都找不到該用什麼樣的詞語表達了，他們不再互相觀望，互相避開對方的手，對方的目光。這陣沉默是他想要的。她早說過，他單方面想要的這陣沉默，因沉默而沒說出來的話語，甚至沉默造成的中斷和鬆弛，還有這種手法，手法的稚氣和她的眼淚，都已經讓人明白，這便是愛情。

第三章　中國北方來的情人
分道揚鑣

分道揚鑣

「他說從今以後,這一切他將無能為力,因為大局已定,無法挽回。我對他說,我同意他父親的意見,我也表示不再繼續和他混下去。可我沒有陳述我的理由。」

他們就要分道揚鑣,他們一起走過她曾有記憶的地方,回憶那些過往的點點滴滴。她的痛苦。她的故事。他們從朝霞四起,到日暮黃昏。他們回到了那個灰暗的小房間裡,拿著葡萄酒的她問萊奧,她漂亮嗎?他回答說,她富有。是的,她富有。他父親會選擇名門望族的女子,不僅僅是門當戶對的中國傳統女子,更重要的是她的家境富裕。而這等富裕,是她最不具備的硬體。

瑪格麗特回憶說,在中國城,他們只睡過一次,是兩年後,在他苦苦哀求下。那唯一的一次,也是他們極盡道別的一次。

萊奧想絞碎他的愛情,他不想指望不切實際的愛戀,他要聽見她嘴裡的貪婪,他要親手扼殺他自己一個人的愛情。萊奧讓她重複他的話:「你來這兒是因為我的錢。」

「由渡輪遇見你那刻開始,我心中想的只是錢,別無其他。」她跟著他複誦道。

他面露哀傷地輕托著她的下巴,靠著她的左耳,輕聲呢喃道:

永遠的情人苢哈絲（修訂版）

「你是個妓女，你是個妓女……」

她卻說：「我不覺得噁心，相反……」她悄悄地把細嫩的手掌伸向他的睡袍，輕緩地觸摸他，給他最致命的情慾折磨。結果，萊奧握著她的手，哭泣著說，我願意迎娶你，當我軟弱無力，我連些微的力量都沒有……

萊奧只是一個善於表述愛情的人，而在愛面前，他沒有勇氣，他永遠愛不起……

萊奧痛哭地飲下了那杯苦澀的酒，吞咽那些苦澀甘醇又無法細說道盡的哀傷。

他在小房子的地毯上抽著大煙。她問他：「你婚禮何時舉行？」

他告訴她：「下星期五，你十二號……乘坐亞歷山大號離去……」

萊奧都懂的，指尖數日，摯愛將去，就像穿插而過的偶遇，只是輕輕打了一聲招呼，又相互別離……

「別離是橫亙在水陸間的船 /

大紅花球的你 /

樸素暗裝的我 /

簇擁的人群裡 /

你不再是我的你 /

而我也終將遠離 /

鑼鼓是你我的哀樂 /

人群是你我的送別 /

第三章　中國北方來的情人
分道揚鑣

「再見了 /

即將死去的愛情」

他走了,要開始完成生命的傳宗接代⋯⋯她聽著雨聲和鬧鐘滴答,與這人去樓空沒有任何氣息的小屋告別。

輪船的汽笛聲響徹在湄公河畔,密密麻麻的揮手,千千萬萬的叮嚀,她看見漸漸遠去的岸邊,有一輛黑色的轎車,無聲無息地停在那個角落,她又像他們第一次見面那樣,輕靠在船舷上,直到再也看不見那輛利穆新轎車。

月夜垂星,藍海照天,她走進船艙,聽著那個彈著鋼琴的男子從指尖傾瀉的悲傷,她突然淚如泉湧。或許,中國男人也會在午夜夢回的時候想著瑪格麗特⋯⋯

「月夜下的你 /

盈盈一握的身姿 /

有若睡蓮含苞的胸脯 /

蜿蜒銷魂的鎖骨和那勾魂的媚眼 /

鎖上了我尖尖的心頭 /

你若是蠟炬上的催淚眼 /

我必是那燈下的鐵燭台 /

與你緊密相連⋯⋯」

時光快進。白人姑娘經歷了戰亂、結婚、生育、離婚、出書⋯⋯那個曾經的情人帶著他的妻子來到了巴黎,給她打了個電話。他語無倫次,他說他知道她寫了很多作品,都是從她母親那裡得知的,

永遠的情人莒哈絲（修訂版）

還為她的小哥哥的突然離世而悲傷。他不知道還能說什麼，之後他說他和從前一樣，仍然愛著她，他對她的愛從沒終止過。就像她寫在《情人》書前的那句：我一生都不會停止愛你，至死不渝。

直至死去，都不曾忘記這份愛戀。1972 年，黃水梨去世。1990 年的春末夏初，瑪格麗特知曉了他的離去，她從來沒有想過他會這麼早逝。他們說他就葬在堤岸邊上，他是在守望那份不可相逢的愛情，還是想在那裡再次邂逅他們的初會……

那艘遠航的輪船沒有停下，人們都在極盡歡愉，沉淪在舞曲中，漸漸迷失。

瑪格麗特用垂垂老矣的筆觸去深剖這份十五歲半的愛戀，但這份愛情經不起她長年累月的推敲，它只是風吹葉落的時候，不小心折起的過往，因為這場愛情，雖然刻骨，卻不銘心。

如果你問她，你最愛的人是誰？

她會說，永遠在下一個。

《莒哈絲語錄》

痛苦離開了這具瘦弱的肉體，離開了頭顱。肉體依然為外界的力量敞開著。它已被超越，它不再感到疼痛。那已經不叫疼痛，也許該叫死亡。

第三章　中國北方來的情人
隱祕的墮胎

隱祕的墮胎

因為她的生活裡少不了情慾的穿插，甚至坐在波爾多開往首都的火車上，她都能和陌生人從意淫的目光到色情的摸索，是啊，她是成熟的少女，有著迷人的臉龐和驕傲的胸脯，她無所畏懼。

在斯陽斯亞中學，她充分發揮了她的美貌資本和她的智慧彰顯，她出入舞會、同學聚會，熱衷於任何活動，雖然沒有要好的女性朋友，但是她的日記裡，記錄著很多對她痴迷執著的追求者。這些追求者裡，要屬兩個人最為明顯。一個是他的表哥，還有一個就是那個律師世家的兒子勒高克。

勒高克是她的同班同學，她對勒高克的好感來源於他很有錢。他常常帶她課後約會、看電影、觀戲劇，甚至買電影票和戲票給她的家人，上下討好。瑪格麗特的表哥稱勒高克「挺有手段」，而這些手段是他不具備的，所以他很苦惱，他的生活被這個姑娘攪亂了，他說自己喜歡她勝過一切，而這等喜歡致使他陷入了不安和痛苦。後來，這個表哥為了忘記瑪格麗特，選擇提前應徵入伍服兵役。

瑪格麗特的日記裡，總是喜歡用價格來記錄她的戀情：「我母親收到了價值五十法郎的鮮花……這一天，我和勒高克似乎很相愛……他送了價值一百七十九法郎的手鐲……」他不僅持續性地給

永遠的情人莒哈絲（修訂版）

她買戲票，還持續性地給她零用錢，瑪格麗特像記流水帳一樣每天用心記錄著，彷彿她要用數字來提醒自己，愛我的男人都必須付出代價。

皮埃爾的情人出車禍而死，瑪格麗特的母親擔憂的是安葬費，而她沒錢，她又像《情人》裡那樣，指令女兒去求勒高克的幫助，結果勒高克帶來了三百五十法郎，她母親接受了。結果，日記裡出現了這句話：「我曾經期待過這樣的幸福，可這一切卻令人感傷，簡直痛心疾首。今天，最讓我難過的是，就是我看到母親接受了他的錢。她那瘋瘋癲癲的女兒看到了這一切，將一輩子也不會忘記。」

瑪格麗特古怪的性格，主要來源於這樣的教育，身心受傷且自尊被踐踏。她連一根火柴都沒有偷過，卻感覺自己像一個兜售肉體的妓女。她把一切歸於貧窮，甚至在日記裡絕望地說道：「我的上帝呀，請讓我相信，你會給我帶來一絲的溫存和愛情。」

她渴求的是愛的溫存和不被金錢所左右的愛情，但現實永遠無法填補和滿足她。在將要走向談婚論嫁的時刻，勒高克的母親阻止了他們，甚至派人跟蹤瑪格麗特，並轉告她，要她徹底跟勒高克分手。這麼貪婪卻不知檢點的女孩，勒高克的母親堅決不會接納，何況瑪格麗特和中國情人的香豔史她不可能沒有聽說。

兩個青春期的戀人，互相告別著。之後，勒高克為了瑪格麗特離家出走了。但沒有絲毫內疚的瑪格麗特卻說：「他不在我身邊，我也不傷心，我想，我並不是很喜歡他。」

無論勒高克多麼痴心地持續寄信給瑪格麗特，她都是無動於

第三章　中國北方來的情人
隱祕的墮胎

衷。直到她發現她懷孕了。後來她表哥說:「勒高克使她懷孕,讓她打胎。」

「我沒有把什麼事情都告訴母親,很小的時候,我什麼都講給她聽,我和中國情人斷絕了來往。而她一直不知道我生活中的另一方面,比如她不知道我二十歲在法國那年,做了一次人工流產。他是一個富家子弟,我還沒有獨立成人,他的父母不想惹是生非,開了一個假證明,上面注明闌尾炎。」

由此可以證明,讓瑪格麗特打胎的並不是勒高克,而是勒高克的家人。瑪格麗特並沒有告訴母親她懷孕墮胎的事,只是一筆帶過地對母親說患了闌尾炎。

瑪格麗特選擇隱瞞,不僅僅是對母親以往態度的失望,更多的是對舊日暴打的恐懼,她受夠了,不必多此一舉。

她說墮胎就等於謀殺嬰兒,苦痛也蟄伏在她的身體裡。她並不想內疚,斑駁的花季裡,她受著虛偽和謊言一次次的摧殘。抖擻衣襟,就算是無情無義也罷,反正沒人知道那個小小嬰孩的存在與死去。到了明天,她還是那個美豔的女子,有眾多人的追求,沒有痕跡。

之後的 1932 年,她以第一名成績通過了高中會考。

1933 年 10 月 3 日,她獨身前往巴黎完成學業。11 月 8 日,瑪格麗特註冊了巴黎大學的法學院,開始學習政治學,而之前,她卻是學習數學專業。據她解釋說,她原本是在索邦大學就讀數學專業,想之後就讀巴黎高等師範大學,成為像父親那樣的數學教師,

永遠的情人莒哈絲（修訂版）

可當時，她有個對數學不感興趣的情人想娶她，對她說：「我哪想要娶一個數學家，數學家會餵養孩子嗎？」她雖然對這個愚昧可笑的情人很憤慨，覺得這是在性別上的歧視，但是為了和他在一起，瑪格麗特還是放棄了數學。

事實上，瑪格麗特從小數學優異，又思想獨立，是個不會為了別人而放棄自己喜歡事物的人。她之所以會選擇放棄，是她真的對數學沒有太大的熱衷。

正因為她選擇政治學，她才認識了弗雷德里克‧馬科斯。他是個「納伊的猶太人」，長得其貌不揚，瘦弱、略微駝背、黑色捲髮、藍色眼睛，是個牙白且表情多變的男子。

這個男人給瑪格麗特的感覺是雖才華橫溢，卻令人無法忍受。甚至在做愛的時候，他都能一聲不吭，完事後還要給瑪格麗特講聖熱羅姆一生從事翻譯《聖經》的故事。

雖然《聖經》可以使人寬厚仁慈，會影響到瑪格麗特的一些作品當中，但瑪格麗特是在情慾上特別嫻熟老道的女人，她甚至說，直至生命遲暮，她都對肉體之愛仍有一種真正的激情。她喜歡做愛，需要做愛，而面對一個不能給她肉慾釋放只能靜默操作的人，她漸漸感到乏味。馬科斯最大的存在感就是成了瑪格麗特筆下《副領事》的主人公，在《印度之歌》中，又以神祕形象示人。

他和她的最後，就像《副領事》的故事一樣：「他曾經非讓我讀《聖經》不可，我永遠不會忘記。他後來成了孟買的副領事。在結束政治學院的課程後，我們分了手，當時我只有二十二歲。」

第三章　中國北方來的情人
隱祕的墮胎

　　而在真實中,她和弗雷德里克·馬科斯分手的時間肯定不是在二十二歲,《副領事》是她以馬科斯為原型所改編詮釋的故事。他在畢業後,遠赴孟買,擔任孟買領事館的專員,不排除時間上會存在跨度。因為在 1935 年底,她與另外一雙眼睛不期而遇,這場愛情是她生命中的轉捩點,如她所言:「這是我當時能夠給他的最好的愛情證明。」

　　愛情,又來了……

永遠的情人苣哈絲（修訂版）

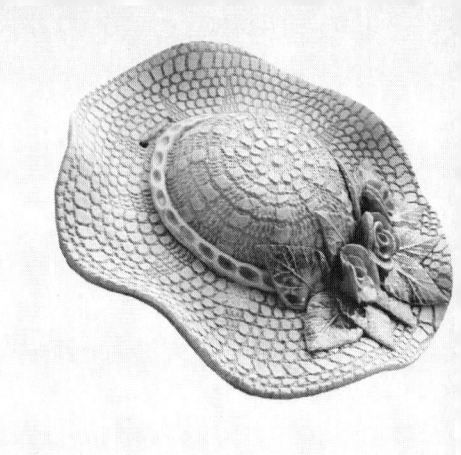

第四章　年輕姑娘和小孩

《莒哈絲語錄》

　　我感覺到有必要接近您。我從不後悔極力地壓制自己的情感，強迫自己這樣做，堅持了一個耐人尋味的夜晚，使我思想和感覺上的熟悉景色大放異彩，因為現在只是一個抽象的形象，沒有縈繞我的實質內容，大概是一種具有芳香的物體，給人帶來一種希望，留下長久的念想……

永遠的情人莒哈絲（修訂版）

讓和副省長的公子

　　一場熊熊大火剛好蔓延到瑪格麗特所住的什梅爾街五號公寓，那天她沒有在外過夜，火勢逼近她所住的地方，她倉皇奔出。在這條簇擁著人群的塞維爾─巴比倫街的街口，她和他相遇了，周圍是一片喧鬧哭逃。他們沒有早一步，沒有晚一步，兩個看對眼的人，忘記了周遭，忘記了一切。那道緊盯不放的目光來自一個叫讓‧拉格洛雷的男人，是一個糖衣包裹下的薄荷男孩，他的糖衣是莫利涅大家族，但是在他出生的時候，母親當場去世，他父親把一切過錯歸咎於還是嬰兒的他，他自然不受寵，也得不到父親的照顧，女傭的寵愛和大房子給予他的卻是深深的孤獨。他涼薄於心，痛苦消極，甚至哥哥對他都有敵意，所以他是薄荷男孩，看似幸福，實則不幸。

　　讓‧拉格洛雷和瑪格麗特的相處模式是富有戲劇性的，仿佛認識了多年，雖然開始天雷勾動地火，但周邊的人都不會相信他們是情侶，因為這個薄荷男孩不但抑鬱而且還有同性戀傾向，他甚至讓瑪格麗特很恐懼。他常常夜裡嚎叫，一種不能自持的嚎叫，她不能安撫他的痛苦，她很害怕，但這不能左右他們彼此間的互相吸引和誘惑。

第四章　年輕姑娘和小孩
讓和副省長的公子

讓‧拉格洛雷是個很帥的小夥子，看上去翩翩俊少、溫文爾雅且身材高大，一頭棕色短髮更顯得風流倜儻。他們的相識是從締結友情開始，互相寫信給對方，繼而到戀人間的互訴衷腸，再一起約會、旅行。

讓‧拉格洛雷其實是一大功臣，因為是他讓瑪格麗特迷上了戲劇，他和她常常遊走在劇院，如果不是他，她的很多作品都將被埋沒，難有搬上螢幕的機會。但對瑪格麗特來說，讓‧拉格洛雷不過是瑪格麗特生命中一次奇遇，是他間接使瑪格麗特遇見了生命中的第一任丈夫羅貝爾‧昂泰爾姆。

讓‧拉格洛雷和瑪格麗特的關係在後來越加緊張和複雜，但這絲毫不影響他把自己的死黨三人組介紹給瑪格麗特認識。這兩個朋友都是他中學認識的，博學多才且都英俊不凡，更重要的是，他們來自同一個階層，都是大資本家的後代。他們是出名的三帥，每每出入校園，都是回頭率頗高。三帥之一是喬治‧博尚，另一個備受矚目的就是羅貝爾‧昂泰爾姆，他之所以被人熟知，還有另一個令人羨慕的身份，他是副省長的兒子。

自打瑪格麗特加入了他們的三人組，經常一起聊天、談心、賭馬、旅遊……瑪格麗特是個頗具性格魅力，俏皮不失可愛的女人，她長期出入他們三人的場合，他們把她當女皇。

傾慕瑪格麗特的男人多如過江之鯽，她迷人的鵝蛋臉，充滿誘惑的眼神，凹凸的曲線，能魅惑一大幫人，就連他們學校上了年紀的老師都不可倖免地也被她迷住了。當然，也不可能不吸引到羅貝

永遠的情人莒哈絲（修訂版）

爾·昂泰爾姆。他是一個非常優秀且胸懷坦蕩的男人，智慧、從容、慷慨，永遠不會停止微笑，這樣極具親和力的男人當然是備受女性的仰慕，何況他的父親還是巴約訥的副省長。他的家族從祖上就很有名望，還曾經給政府捐過一塊地，為表示感謝，市政府還把莫里哀大街改名為昂泰爾姆大街，現如今，這條街還一直叫這個名字。雖然他父親後來因牽涉「斯塔維斯基事件」而不幸落馬，但還是憑藉關係撈到一個肥差，做上了稅務官，可以算是衣食無憂。

羅貝爾·昂泰爾姆的家位於塞弗爾街的豪華大樓內，這裡是當時的官僚及富商的聚居地。他有兩個姐姐，作為獨子，他在家中備受寵愛。

讓·拉格洛雷也同樣博學多才，但抑鬱消極的想法還是會左右他的情緒。在一次穿越法國去藍色海岸的旅行中，雖然時間不長，但是瑪格麗特和讓·拉格洛雷的關係越加破裂。可能是他父親拒絕瑪格麗特嫁給讓·拉格洛雷，也或者是瑪格麗特想暫時和他分開一段時間，反正那時候的讓·拉格洛雷的情緒波動很大，彆扭到讓人難以接受的程度。而在這之間，瑪格麗特發現自己愛上了羅貝爾·昂泰爾姆，不僅僅是他的才華和帥氣，最重要的是她覺得昂泰爾姆是個開朗的人。瑪格麗特曾對讓·馬克·杜里納說：「哪怕只是在一間小酒館見個面也好，和他談談，與他目光交會，感受一下他的人道主義。」

同樣，她和讓雖然有一道目光的交疊，但他們之間的目光漸漸偏離，越來越遠，而昂泰爾姆的目光是柔和又暖人心脾的。她甚至

第四章　年輕姑娘和小孩
讓和副省長的公子

說，他是最具影響力的人，沒有他的意見，她什麼都做不了，他就像是智慧的化身，給了她無窮的力量，直至超越友情。

《未來信件》裡，瑪格麗特寫道：「我感覺到有必要接近您。我從不後悔極力地壓制自己的情感，強迫自己這樣做，堅持了一個耐人尋味的夜晚，使我思想和感覺上的熟悉景色大放異彩，因為現在只是一個抽象的形象，沒有縈繞我的實質內容，大概是一種具有芳香的物體，給人帶來一種希望，留下長久的念想……」

「您知道我是一個喜歡自虐的人。當夜晚降臨，手指僵硬，我還這樣做真是愚蠢透頂，就此擱筆，謹請諒解。您會原諒的，因為淘氣鬼不再頑皮；嬌小的古提琴也不再奏樂；在某個清晨，她還會奏響間奏曲，您將會聽到她擅長演奏的最甜美的音樂，將痛苦地把您從痴迷的睡夢中喚醒，當您微微睜開眼睛時，它就消失得無影無蹤。但是，它會向您打聲招呼，會對您喃喃自語，可是人們都不相信它在談情說愛。」這樣靈動如蝶、才情橫溢的女子，並不善於矯揉造作，她敢愛敢恨，不加掩飾，即便是天使變撒旦，她也無可懼怕地遞去愛的箴言，她在為自己敲開另一扇門。

這段變心之路給這四人帶來了煎熬。讓·拉格洛雷受不了被自己的兄弟背叛，他抑鬱的負面情緒越加高漲，他覺得自己極近崩潰不能自拔。以前沒有人愛他的時候，他會慶幸自己有兄弟，現在，他不僅有兄弟，還有這個女人，但這個他愛的女人卻放棄了他，選擇投入了自己兄弟的懷抱。他又愛又恨，覺得全世界都背棄了他，在他渺小的世界裡，連最鐵的死黨都要橫刀奪愛。讓·拉格洛雷萬

永遠的情人茞哈絲（修訂版）

念俱灰，開始吞食勞丹酊想要自殺，幸得喬治·博尚他們發現得早，否則，讓·拉格洛雷就將為這次的情變喪生。

喬治·博尚說：「我們步入到戲劇化的階段。我不得不拿走讓面前的勞丹酊毒酒，他想一死了之，因為他失去了他愛的女人，他還阻止羅貝爾自尋短見，因為他奪走了他的所愛。讓和羅貝爾是一對十分要好的朋友。」

若不是喬治·博尚從中斡旋，誰都無法預料後來的結局。當時，內疚感倍增的羅貝爾·昂泰爾姆也覺得自己不該愛上兄弟的女人，但又不想放棄她。這種心理左右著他。在這兩難局面裡，他被這讓人窒息的愧疚感壓制著，朋友的譴責聲也不絕於耳，他感到壓力越來越大，漸漸負荷不了，他選擇拿起藏在父親辦公室的手槍，想就這麼了卻生命。夾在兄弟間的喬治·博尚又一次成功地解救了自己的夥伴，幸虧他奪下了羅貝爾手裡的槍，否則後果不堪設想。

面對這樣的窘境，瑪格麗特選擇把自己關在房間裡哭泣。

大家對此事都很震驚，都覺得讓·拉格洛雷和羅貝爾不會這麼想不開，覺得這兩人是在慪氣。為了緩和如此尷尬的局面，喬治·博尚開車帶著被藥物影響變得傻愣愣的讓·拉格洛雷去了奧地利和匈牙利玩了一個月。而瑪格麗特和羅貝爾就在此時確定了關係，他們開著她的敞篷轎車去了北方，還見了羅貝爾的父母。

讓·拉格洛雷還沉浸在情感創傷中，羅貝爾·昂泰爾姆和瑪格麗特不得不顧及讓的感受，只能書信來往，就像常人的友誼那樣。瑪格麗特的一生，難得聽從別人，而她願意傾聽羅貝爾的意見，覺

第四章　年輕姑娘和小孩
讓和副省長的公子

得自己像他的孩子,他是她依靠的肩膀,她全身心地信任他,這是很難得的。即便後來他們離婚,都有各自的情人,但是他們的關係依然像友情般持續著,直到《沒有在集中營中死去》這篇文章發表後。

同是資本家的兩大家庭,在對瑪格麗特的態度上也顯現出了天壤之別。羅貝爾的家庭明顯親和多了,他們沒有像讓的家族,以大資本家的姿態去看待瑪格麗特,他們開明很多。有張羅貝爾的兩個姐姐與瑪格麗特和羅貝爾的合照可以證明這一點。其實,以昂泰爾姆家族的關係來說,他們要調查瑪格麗特是輕而易舉的,因為他們家有當殖民地部長的親屬。

那時的瑪格麗特已經不再窘困,她母親源源不斷地給身在法國的女兒寄來生活費。瑪麗在西貢的家中開辦了私立學校,她不辭辛勞地在放假時招收很多學生,她選擇不停地工作,她沾沾自喜地看著女兒通過的考試,她覺得她的辛勞不算什麼,她能做的就是寄生活費,這是她給女兒僅有的最溫情的母愛。

《莒哈絲語錄》

愛之於我,不是肌膚之親,不是一蔬一飯,它是一種不死的慾望,是疲憊生活中的英雄夢想。

永遠的情人莒哈絲（修訂版）

要嫁給你

　　1936 年初，爆發了「熱茲事件」，這個事件波及法學院。據說是一個教稅法的教授，因為給埃塞俄比亞的皇帝出主意，被法律系當作叛徒。法朗士・布魯奈爾曾經回憶說：「因為他反對墨索里尼入侵埃塞俄比亞。有些同學叫他猶太人熱茲，或是小黑鬼熱茲，不讓他上課。這激起了我們的憤怒。」

　　當時，左派與右派之間的派系鬥爭很激烈，甚至鬧到了學校停課，學生開始遊行，連工人也開始罷工。瑪格麗特既不參加任何反法西斯的遊行，也不加入派系上的各種活動。她不介入政治，她只是一個觀望者。她曾明確表示，不贊成某些同學所表現出的法西斯主義狂熱及暴力行為。她起初對政治還是敏感的，但她害怕人群，比如大規模的遊行。在那些停課的日子，她沒有荒廢，而是很悠哉地去了德國和奧地利遊玩。

　　不利的動盪局勢，讓羅貝爾和他的小夥伴們越加對國民陣線感到失望，他們漸漸傾向於和平主義，卻又不想投入任何陣營。他們預測這樣腐朽的舊世界是無法面對經濟危機的，變革才最為重要。瑪格麗特和羅貝爾・昂泰爾姆就在這樣沒有確定性的政治觀念下繼續發展著他們的愛情。1937 年，他們的關係有了進一步的發展，

第四章　年輕姑娘和小孩
要嫁給你

瑪格麗特和羅貝爾訂婚了。

在她小哥哥的來信中可以看到，家人對她的未婚夫很滿意：「聽說你訂婚了，我向你表示祝賀。我不認識你的未婚夫，但從你的言談看，我覺得他人很不錯。我們經常談到他，母親對他頗有好感，唯一的缺憾就是還沒有看到他的來信。」羅貝爾・昂泰爾姆當時剛滿二十歲，到了服兵役的年紀，無暇顧及這些，1938 年的夏末，他正式入伍。

羅貝爾對兵營生活的熱情度不高，他寫信給朋友弗朗斯・布律奈爾說：「我沒有因為才情被埋沒而痛心疾首，只是對世界失去人才而深感遺憾。這個世界自我封閉，有時很痛苦，狀若香水般壯烈，方顯憔悴萬物的神祕與誘惑。」羅貝爾認為軍營生活會窒息自己的才華，他感到很痛苦，想要快點掙脫這裡。他希望盡快見到想念已久的瑪格麗特，和她完婚。好幾次，他難得地被批准回巴黎，都沒有等到瑪格麗特，常常在她房前空等一夜。而弗朗斯・布律奈爾後來回憶說，在那些夜裡，瑪格麗特是和別的大學生發展「蕩氣迴腸的愛情」去了。

之後，瑪格麗特拿到了政治經濟和法律專業的學士文憑，還在殖民地部管轄的殖民地資訊處找到了工作。對於殖民部，她並不陌生，她能在那麼多男性中勝出，熟悉殖民地是她取勝的一個籌碼。毫無疑問，瑪格麗特進入狀態很快，表現突出，很受領導者的重視。接著，她被聘用到了國際資訊處。在 1937 年之後，她先後在法國香蕉宣傳委員會和茶葉委員會任職，直到 1939 年 3 月 1 日她調回

永遠的情人莒哈絲（修訂版）

國際資訊處。而這時候，上司要她配合完成一部宣揚殖民帝國偉大的書。她無從選擇，這是命令，她馬不停蹄地開始了這項工作。

忙著這項任務的瑪格麗特並沒有減少與羅貝爾‧昂泰爾姆的信件來往。而在軍營中日漸消沉的羅貝爾遇見了他的人生摯友——弗朗索瓦‧密特朗，這個政治立場分明的朋友給他帶來了另外一番思想上的洗禮。然而，因為要去軍校上學，他們不得不結束了這短暫的相處。法國的局勢愈見不穩，戰爭一觸即發。在羅貝爾調任步兵團後，有天他收到了一份電報：「要嫁給你。回巴黎。瑪格麗特。」

熱血沸騰的羅貝爾不敢想像，在危機四伏的日子裡，能收到這麼可愛的結婚電報，他高興得快瘋了，恨不得插上翅膀，飛到她的面前告訴她，我願意。他向指揮官請假三天，直接趕赴第一班開往巴黎的列車。這個稚嫩的小夥子，在車上也在想著即將成為他妻子的女人，她可愛、美麗、聰慧、俏皮，如柳芽初絮迎風送暖，如芳菲細雨托葉承露。她總是能輕易地撩撥他的心神，她是他心尖上的花骨朵兒，盛放著最馥郁的芬芳。

1939 年 9 月 23 日，這相差兩歲的姐弟戀終於修成正果。瑪格麗特和羅貝爾‧昂泰爾姆在十五區政府舉行了婚禮，瑪格麗特負責了婚禮的相關事宜。出席婚禮的人並不多，他們只要莊重簡單地對著兩個證婚人說聲「我願意」就可以，但在多年後，羅貝爾對第二任妻子說，那天他和瑪格麗特結婚的證婚人是瑪格麗特當時的情人。

那些祕而不宣的過往，終有一天會月滿盈虧地傾瀉而出。愛是

第四章　年輕姑娘和小孩
要嫁給你

盲目的,看似是含羞帶怯地迎面而來,卻看不見轉身在側的背叛。那些懷揣過往的曾經,都在時光下漸漸漂白,都在指縫間倡狂而逃。愛過就好,不得、不失,過著屬於自己的幸福。

雖然瑪格麗特情人眾多,但她會選擇與羅貝爾結婚,只是要向眾人證明,自己真心愛的是羅貝爾。羅貝爾該慶幸,在眾多情人裡,她是用莊嚴的婚姻來見證她寶貴的愛情。

新婚燕爾,還來不及溫存一番,就面臨送別。當夜,瑪格麗特就陪著丈夫到火車站,送他回軍營。而她還得繼續回殖民部完成那部宣傳殖民帝國的著作。這部《法蘭西帝國》直到1940年五月才面世。雖然沒什麼反響,但因為這本書,瑪格麗特正式跨進了出版界的門檻。

這期間,羅貝爾給新婚妻子寄去了照片,告知他的現狀。在眾多戰友中,他看上去老成而嚴肅,穿著軍大衣,微胖的臉上帶了副玳瑁架眼鏡。這張照片是在戰爭未爆發前照的,略顯悠哉和安逸,而他的妻子,還在烏迪內街的殖民部膽戰心驚地工作著。巴黎市民已經把有玻璃的建築和房屋都塗上了藍色,以防被德國飛機轟炸。

巴黎陷入癱瘓狀態,糧食短缺,難民眾多,情勢越加緊張,每一個人都在緊繃著那根弦,他們都很恐懼。1940年九月,羅貝爾‧昂泰爾姆退伍回到了巴黎,瑪格麗特也不顧阻撓地回去了。當時政府頒布了《已婚婦女就業法》,禁止已婚婦女工作,認為她們應該待在家裡,禁止外出務工。所以,瑪格麗特在十一月辭去了殖民部的工作。

永遠的情人莒哈絲（修訂版）

　　遠離了繁忙與充實的工作環境，瑪格麗特愈發抑鬱寡歡，她不想關注動盪的局勢，而是把自己禁閉在個人的世界裡，全身心地投入到寫作中。她想快點出版自己的小說。而羅貝爾參加了秋初警察局文祕職位的考試，自身的努力，加上父親的關係，他順利地進入了警察局。也正是在警察局工作的特殊關係，他才能投入到抵抗運動，聯絡組織、說明銷毀揭發信件，讓在逃的同胞躲藏於他家。

　　這個時期，瑪格麗特完成了人生中的第一部小說《塔內朗一家》。她把手稿寄給了伽利瑪出版社，還附上一封信，解釋自己的作品與之前出版《法蘭西帝國》的內容沒有任何關聯，她急需說明前作不過是應時之作，甚至列舉很多讀者對她新作的肯定，她相信他們的判斷，她渴望發表，還寫著無論出版與否，都希望能盡快回覆給她。

　　雖然瑪格麗特大膽地毛遂自薦，但出版社還是沒有給她答覆。她像熱鍋上的螞蟻，等不了下一分鐘。她提筆又給編輯寫了一封信。

　　「先生：

　　大概一個半月之前，我給您寄了我臨時命名為《塔內朗一家》或者《莫德》的小說稿。如果您能告訴我您喜歡哪個書名，我將不勝感激。我要離開巴黎一段時間，希望在此之前能得到您的佳音。這樣催您，還請您諒解。請接受我誠摯的問候。

　　瑪格麗特·多納迪厄

　　於巴黎第六區迪潘街五號昂泰爾姆夫人府邸」

第四章　年輕姑娘和小孩
要嫁給你

之後她收到了文協作家雷蒙·格諾的來信,他對瑪格麗特的作品給予了肯定,卻沒有說是否能出版。後面,格諾成了瑪格麗特和羅貝爾的好朋友。後來,他又像讓一樣,充當了紐帶似的中間人,間接促使瑪格麗特和未來的第二任丈夫相識。

雖然很多人讀了這篇小說,但評價不一。有認為值得出版的,也有說文風不夠成熟的。當時,伽利瑪的編輯評價她的文體不夠一致,結構鬆散,格調混亂,文筆有些殘忍,思想有些頹廢。只在結尾處說了作者具有非常敏銳的觀察力。

伽利瑪的拒絕並沒有打擊瑪格麗特繼續寫作的動力。雷蒙·格諾雖然是個善於嘲諷的人,但在那段日子裡,他充分地給予了瑪格麗特精神上的支持,給她意見,給她幫助,她才能順利地出版第二部作品《平靜的生活》,而當時這部小說的編輯就是格諾。他用自己的行動詮釋著他無限的信任。

1941年春末,羅貝爾·昂泰爾姆離開了警察局,進入了工業部,做起了資訊資料處的專員。看著自己的妻子因為作品而精神抑鬱,羅貝爾也付諸行動。他曾經拜訪過布隆出版社,告訴那個編輯說:「這是瑪格麗特的書稿,一定要看一下。我先告訴您,如果您不能承認她是一位作家,我想她一定會去自殺。」布隆的編輯告訴羅貝爾,她從來不向威脅屈服。

羅貝爾走了,留下了稿子。如果說是布隆的編輯挽救了這部作品,倒不如說是羅貝爾。如果沒有他的奔走,或許瑪格麗特也只是習慣性地繼續等待第二部作品的誕生,雖然這部作品在兩年之後才

永遠的情人莒哈絲（修訂版）

出版，作品名也被改為《厚顏無恥的人》，但這也是成功的第一步。從此，她開始用上了筆名——瑪格麗特・莒哈絲。對於初出茅廬又一波三折的瑪格麗特而言，能出版此書，簡直有久旱逢甘霖的感動。

《莒哈絲語錄》

　　孩子走了。我們再也不能待在一起。他走了。我們一起生活了九個月，死亡就把我們分開了。我的肚子重新落在了他的身上，一塊破布、一件破爛衣服、一個棺罩、一塊石板、一扇門，和肚子比，都是些毫無價值的東西。

第四章　年輕姑娘和小孩
喪子之痛

喪子之痛

　　1941 年的秋末，瑪格麗特發現自己懷孕了。在這麼緊張的環境裡，生孩子是一大難題，但她說服了羅貝爾，並且幸福地把這個喜訊告知給身邊的朋友們。

　　妊娠期的瑪格麗特是敏感的，小說稿沒有回音，日軍又侵略印度支那，小哥哥是否安全，她很擔憂。雖然巴黎的物資匱乏，街上常常有遊行示威，但這至多讓她恐慌，真正讓她憂心的是她懷疑羅貝爾有外遇，多慮疑心的她，一步都不想離開羅貝爾，連上街她都要跟去。而羅貝爾確實有外遇了，他愛上了一個叫安娜・瑪麗的年輕女子，由於保密工作做得太好，瑪格麗特和他們的朋友都一無所知。

　　瑪格麗特在 1942 年 6 月 16 日凌晨生下一個六斤多重的男嬰。由於設備簡陋和分娩過慢，那些助產的嬤嬤們又非常不嫻熟，孩子生下來沒有啼哭就死了。瑪格麗特接受不了這個事實，頓時覺得天崩地裂，她是多麼滿懷期待地等待他的來臨，卻來不及聽到他的第一聲啼哭，來不及看他吸吮她的第一口乳汁，他就這麼悄無聲息地走了。她想到她的童年，想到她的母親和大哥，想到那些不堪忍受的暴力，想到那個早年流產的孩子。難道這是懲罰，所以自己才不

永遠的情人莒哈絲（修訂版）

能生育孩子？

她沮喪得像個行屍，沒有表情，沒有言語，她為自己的無能感到自責。她對朋友說：「他降臨到世界上，卻與死亡同步。什麼也沒有。什麼也沒有留下來給我。這空茫真是可怕。我沒能擁有這個孩子，哪怕是一小時也沒有。我不得不想像一切。我一動不動，只是在想像。」

羅貝爾也很沉痛，但他不得不選擇放下沉痛，選擇滾燙的愛和無微不至的體貼，但他和瑪格麗特之間的愛漸漸變味。瑪格麗特當時正依賴著他，她心裡也很清楚這一點。

之後，情緒波動很大的瑪格麗特，除了羅貝爾，誰都不見。

在她的日記裡，她寫了那間教會診所裡的嬤嬤。她沒有得到暖心的安撫，反而是潑涼水似的苛責。她想叫嬤嬤幫忙找到那個早夭的嬰兒，想和他待一小時，結果嬤嬤拒絕了。這個診所死去的孩子都是要火化掉的，當她一想到自己的孩子將要化為灰燼，卻從未抱過，從未看過，她頓覺一切太不真實，若不是那些嬤嬤責怪她生孩子不給力，她或許會覺得這一切都不曾發生，她的孩子還在肚子裡孕育著。

「他死了，這是您的錯。」她們一直這麼灌輸著。有人送給她橘子，那嬤嬤看見都要諷刺她：「在我們這裡，橘子是給媽媽的，給生了孩子的媽媽，不是隨便什麼人都可以得到橘子的。」

她不配擁有，因為生下來的是個死嬰，連一口奶都沒有吸過，她除了絕望還是絕望。也正因為這次的絕望，從此，她筆下孩子漸

第四章　年輕姑娘和小孩
喪子之痛

漸鮮活得富有靈性，聰穎、孤獨、叛逆、溫柔、苦難……他們是自由不被束縛的翅膀，他們是謊言與真理的試金石。他們真誠而可愛，不加雕琢，天然且富有靈魂。

懷孕初期，瑪格麗特就患有產前抑鬱症。孩子夭折後，她變得神神叨叨，暴躁的情緒反覆無常，那些和睦漸漸不在。

他們開始有了爭吵，羅貝爾的出差也變得愈加頻繁，瑪格麗特在最需要體貼與呵護的時候，在最需要理解的時候，羅貝爾選擇了離開。他寧可躲在繁忙的背後，也不想聽到瑪格麗特的任何嘶吼和沒有緣由的哭鬧，他煩透了，厭倦了，他無法站在她的角度理解她。此刻的羅貝爾更願意去理解他的情人安娜・瑪麗，玲瓏剔透，又善解人意。

人在厭煩的時候，會有失真性的對比，會慣性地偏向不加負累的安慰。婚姻需要耐心來維護，需要諒解來經營，如果一天到晚都是爭執，再美好的印象都會破碎。

男人需要溫暖的面容，女人同樣需要呵護的肩膀。

愛情是這樣，婚姻也是這樣。

《莒哈絲語錄》

愛情並不存在，男女之間有的只是激情。在愛情中尋找安逸是絕對不合適的，甚至是可憐的。但她又認為，如果活著沒有愛，心中沒有位置，沒有期待的位置，那是無法想像的。

永遠的情人莒哈絲（修訂版）

迪奧尼斯

　　1942 年的夏天，瑪格麗特重新工作，做起了圖書審查委員會的審稿人，這個工作使她接觸了更多形形色色的出版商，因為她要分派出版證，還要對庫存數量負責，對書品質進行嚴格把關。在那個敏感的年代，這樣的機構是有附敵成分的。她謹慎地處理自己分內的工作，發揮著自己微薄的力量。因為瑪格麗特出色的影響力，還出現了一些聽命於她的追隨者。之後，由於出版證稀缺，印刷等候過長，連審閱報告也越加明細。她不得不選擇新的一批審讀員，這時候，瑪格麗特邂逅了一個令她煥發生機的男子。

　　她對他一見鍾情，他的名字叫迪奧尼斯·馬斯科洛。迪奧尼斯最初是在伽利瑪出版社工作，到訪的目的只是為了給自己所在公司被拒絕的作品說情，卻沒想到演變成為瑪格麗特工作的夥伴。

　　婚姻上的貌合神離和痛失孩子的陰影揮之不去，在這樣破敗又毫無新意的生活中，迪奧尼斯·馬斯科洛的出現似暖光四溢，漸漸改變著這讓人窒息的沉悶，一切有了復甦之象。她想自己應該是喜歡上了這個迷人俊美又捉摸不定的男子，她形容迪奧尼斯是像上帝一樣英俊，她不想錯過，征服的慾望越加強烈。

　　迪奧尼斯是瑪格麗特書裡所說的怪異崇拜者，他不會討好她，

第四章　年輕姑娘和小孩
迪奧尼斯

迪奧尼斯更像是瑪格麗特的一面鏡子，他能一眼見濁地提醒她作品的弊端，給予她理性上的建議。瑪格麗特是一個不容別人質疑她作品的人，但她卻能如此耐心地傾聽迪奧尼斯·馬斯科洛的意見，可見她已經收起了她陰晴不定的暴躁，變得溫煦且讓人容易接受。當大家還未察覺出瑪格麗特情感變化的同時，作為他們夫妻共同的死黨喬治·博尚最先看出端倪，他說：「這對夫妻的關係正出現危機，這種危機隨著馬斯科洛的到來而加深。」

他們已經沒有曾經的你儂我儂，但也不至於會到撕破臉的境地。當羅貝爾得知自己妻子外遇後，悲傷無法掩飾，他沒有過多反思自己同樣有著外遇，同樣擁有情人，相反，他感到痛苦不安，他甚至開始遷就自己的妻子，希望透過這種微妙的改變能使婚姻有轉圜的餘地。但冰凍三尺也非一日之寒，在這日日漸變的感情中，不是三言兩語就能安撫一個人漸漸失溫的心。

瑪格麗特用渾身解數去征服迪奧尼斯，她沒法欺騙自己，她愛上了這個在自己心裡美豔得不可方物的男人，她深深地為他著迷。而迪奧尼斯，接受不了瑪格麗特反覆要他說「我愛你」，雖然他懂得這是瑪格麗特天性使然的占有欲。

他們常常偷偷摸摸地在旅館裡消磨時光，他們一起去電影院，一起品讀文學作品。瑪格麗特告訴他，之所以一宣戰就嫁給羅貝爾，是因為想要為他們之間的友誼蓋上正式的印章。她也坦承，知道丈夫外面的婚外情，說這是各自自由的生活，如同她喜歡肉體之歡，喜歡她的那些情人們。

永遠的情人莒哈絲（修訂版）

是的，在和羅貝爾的婚姻關係中，瑪格麗特並沒有切斷與情人們的複雜關係圈。而此時，迪奧尼斯對這個不加掩飾且才華初顯的女子有了不一樣的感覺。瑪格麗特也不再想遮掩自己的內心。藏著掖著的感情，刺激和冒險的跌宕起伏，就如同在海浪湧起的頂端，一方面帶來從未有過的新鮮，另一方面又必須面對狹路相逢的可能。迪奧尼斯說他們之間的關係就像是在通姦，而瑪格麗特只好選擇將迪奧尼斯介紹給羅貝爾。當然，瑪格麗特並沒有捅破她和迪奧尼斯的關係，但羅貝爾知道自己妻子的婚外情。

當妻子要介紹迪奧尼斯給自己認識的時候，羅貝爾沒有憤怒，反而把自己打扮得儒雅紳士。瑪格麗特給迪奧尼斯說，認識了羅貝爾，您就會知道我是一個對男人要求很高的女人。瑪格麗特並沒有說錯，本該劍拔弩張互不理睬的兩個大男人，竟然相見恨晚，摒棄前嫌地成為了朋友，迪奧尼斯甚至說：「我們之間也是一見鍾情。」他被羅貝爾親和的人格魅力所折服，成了去他們家串門的常客。

她喜歡迪奧尼斯到無法自拔，這個程度還不算什麼，她又撕開痛苦的過往，告訴他那些不堪的痛苦回憶，包括母親、大哥和小哥哥。她絮絮叨叨，覺得只有這樣詳盡訴說才不是違心的隱瞞，才能真真正正地詮釋她的愛情。她還把迪奧尼斯介紹給自己的母親，她想讓自己身邊的朋友都知道他的存在。為了表示忠誠，她切斷了和其他情人的聯繫，雖然迪奧尼斯並沒有這樣要求，可見，她已經愛迪奧尼斯痴狂到顛覆自己以往的作風。

1942年深冬，一封來自印度支那的電報打破了她原有的平靜。

第四章　年輕姑娘和小孩
迪奧尼斯

保爾去世,她像被詛咒的木頭人定格在那裡。

小哥哥怎麼就死了?這是玩笑的欺騙嗎?可這又不是愚人節。「小哥哥已經死去了。起初我感到困惑不解,可後來驟然間,產生了一陣絞心的痛苦,它來自四面八方,來自世界的底層,這痛苦幾乎要把我吞噬,把我捲走,我已經不復存在,唯有滿懷的苦衷。」起初,辛苦懷胎十月的孩子早夭已經給她帶來無以復加的傷痛,唯一支撐她維繫親情的小哥哥去世更是致命性的一擊。她沒辦法承受至親相繼的離世,雖然喪子之痛在迪奧尼斯的出現後有所轉移,但小哥哥的死,是外界任何力量都無法安撫的痛楚,她把自己囚禁在懷想中,她回憶他善良不世故的作風,想念他指尖溫柔的觸碰,篤定他是世上最真正關心她,最不可能傷害她的人。

她的小哥哥死的很突然,年僅三十歲,他和訂婚不久的未婚妻才相處了短暫的一年光景。之前他對母親說過呼吸困難的情況,但瑪麗想等出診的醫生回來後再給小兒子醫治,結果錯過了最佳的醫療時間。等出診的醫生回來,保爾早就危在旦夕,結果死神還是拉走了這個曾經和瑪格麗特患難與共的小哥哥。他死於突發性胸膜炎,是傳染性的肺病,當時的醫療水準不佳,病毒入侵,高燒持續,就這麼輕易地結束了一個鮮活的生命。

人類總是熱衷於權利和慾望的爭奪,一旦病體附身,累加的榮耀頃刻瓦解。人常說樹倒猢猻散,但人離去時卻是兩手空空。那些隱形捆綁的親情,很容易就這麼消亡,如同瑪格麗特一樣,她沒有去看過保爾的墳塋,她不屑於用那些瑣碎的焚燒叩拜來祭奠他,他

永遠的情人莒哈絲（修訂版）

死了，他活了，他的墳塋早已隨著那些逝去的記憶，屹立在心尖上的墳堆上，是的，他們都活著，活在她的心裡，她的孩子，她的保爾。她終於和多納迪厄的姓氏說拜拜了，她將以嶄新的姿態，破繭重生。

她重塑了新的自己，她給自己改名。在 1943 年出版的《厚顏無恥的人》她啟用了新的名字。

她叫瑪格麗特‧莒哈絲。

瑪格麗特‧莒哈絲對迪奧尼斯說過這個筆名的由來，因為「她一點也不以她的大哥為驕傲，她想要逃避他那種沒有一點文學素養的樣子，和他分開。她說這樣可以避免向那些知道她姓多納迪厄的人彙報。同時，我也用了格拉西安的筆名，因為我生在聖格拉西安。」

原文應該是翻譯錯了，她的意思應該就是我之所以換姓氏，只想脫離那個醜陋的家庭，她不想寫上名字就被人聯想到那些骯髒的面孔，曾經會忍受這樣的家庭是因為小哥哥，現在不能接受這樣的姓氏也是因為小哥哥。她已經仁至義盡，她受夠了這個家，她覺得唯一暢快式的報復就是從姓氏上根除關聯，這樣才能解氣。

最早，她就討厭父親的姓氏，因為在法文姓氏上，多納迪厄是「給上帝以什麼東西」的意思，她討厭象徵性強烈的詞彙。她不信上帝，她也不想從虛妄中奪得什麼，她更願意相信那神祕的「洞」，填補她對生存、死亡、絕望和愛情的理解。

在《厚顏無恥的人》的扉頁上，她寫上了這麼一句話：「獻給

第四章　年輕姑娘和小孩
迪奧尼斯

教會我蔑視這本書的迪奧尼斯，我的一個古怪的崇拜者。」

這本書，瑪格麗特承認它非常非常幼稚，但這本書的成功之處在於它讓她步入了寫作的行列，她開始了筆耕不輟的寫作生涯。同時，她和迪奧尼斯在這個炎熱的酷夏裡繼續互通信件，她還是要他說愛她，但迪奧尼斯卻說：「對彼此的慾望使我們緊緊相連。她已經沉浸在對我的愛情之中了，而我還沒有。我們從來沒有覺得夠過。」

迪奧尼斯和瑪格麗特是一樣的，他們都是遊戲人間的情場高手，瑪格麗特為迪奧尼斯瘋狂，而迪奧尼斯卻在和別的姑娘談情說愛，他應付自如，並不想效仿瑪格麗特斬斷所有情人的做法，他很享受，而瑪格麗特卻不甘於此，她覺得迪奧尼斯是她的所有物。她想占有的不僅僅是他的身體，還有他那顆多情的心。

之後，羅貝爾帶瑪格麗特度假的那幾天，她萬般的想念他：「我們分開了。每天我都在問自己沒有你的日子我怎麼過……最好有一天你能對我說，給我發封電報說你愛我，我要你……」之後在《平靜的生活》裡，她甚至把迪奧尼斯寫進了書裡，他是書裡的男主角，她在書裡訴說著她對他的愛，哪怕離他很遠，她也能夠非常清楚地感覺到，除了他，誰都不愛，她說，她想要給他生個孩子，覺得這是自己最特有的宣愛方式。

迪奧尼斯被瑪格麗特強烈的愛所震撼，但他並沒有接受，照舊與其他情人保持聯繫，而瑪格麗特的信件還是持續不斷。「想到和你生個孩子是給你添麻煩，我真的是害怕了。沒有愛就不能有孩

永遠的情人莒哈絲（修訂版）

子。有了孩子就必須與孩子的父親在一起。那我只有和羅貝爾在一起了。在未來的灰燼中，我只寄望於背叛你。」

　　我只寄希望於背叛你，這是赤裸裸的告白，又是最違心的妥協，她深知她的信件給迪奧尼斯帶來了壓力，也清楚自己是羅貝爾的妻子，但為了證明愛他，她願意和她所愛的迪奧尼斯生孩子，即便是違心地說要背叛他。他們一面小心翼翼地抗爭，一面超越道德倫理地發生激情，他們都是不按牌理出牌的人，不與規矩為伍，準則和道德之網在他們忤逆的思想下，根本不足為懼。

　　迪奧尼斯最後也臣服在瑪格麗特的石榴裙下，她讓自己成功地成為了迪奧尼斯唯一的情人。他說，肉體之愛是一種藝術，再也沒有比這更沉重、更富悲劇性的了。他覺得對方倘若沒有豔遇，還真無法忍受的情境。

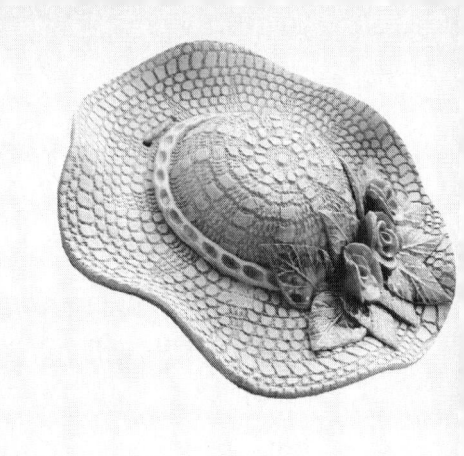

第五章　痛苦

《莒哈絲語錄》

她曾經過度地熱愛著生活，正是她那持續不懈、無可救藥的希望使她變成了對希望本身完全絕望的人。這個希望已經使她精疲力竭，摧毀了她，使她陷入赤貧的境地，以致這使她得以在此休息的睡眠、甚至死亡，似乎都無法再超越它。

永遠的情人莒哈絲（修訂版）

殷勤的陷阱

　　1943 年七月，密特朗打響了抵抗運動的第一槍。瑪格麗特和羅貝爾就是在此時加入了抵抗組織，做起了掩護組織的工作。當時，羅貝爾擔任資訊部的宣傳祕書，和當初服兵役時認識的密特朗有了工作上的接觸。這個弗朗索瓦・密特朗就是未來斡旋在法國政界的領袖人物，多年後，他憑藉多方面的外交手段，縱橫捭闔於官場之間，不僅拉攏了德國陣營，還連任總統一職，不僅穩定了動盪局勢，還加速了歐共體的統一。當然，這都是後話。

　　1944 年初，瑪格麗特辭去工作，徹底負責抵抗運動的工作事宜。結果在這年春天，羅貝爾・昂泰爾姆和他妹妹瑪麗・路易絲都不幸地陷入了蓋世太保為抓捕密特朗而設下的陷阱，和眾多抵抗組織成員一起被捕入獄，隨後遭到放逐。羅貝爾是那些被捕人中少數生還的一個，而他的妹妹瑪麗・路易絲在經歷放逐和集中營的非人生活後，還沒能回到法國就去世了。

　　得知丈夫和小姑子被捕入獄，瑪格麗特驚慌不安。她很想知道自己的丈夫被關押在何處，她去找蓋世太保，還整理了一些衣物想交給丈夫，結果卻發現很多人都在蓋世太保的辦公室外等候。她等了很久，最後被趕了出來。她還是不死心，想給自己的丈夫送包

第五章 痛苦
殷勤的陷阱

裏,為了一張送包裹的許可證和不死心的營救計畫,她遇見了一個人。正是因為這個人,她把這個被捕和營救的事件亦真亦假地寫進了《痛苦》中,這個人是查理斯・戴爾瓦。那本《痛苦》並未給他帶來傷害,受到傷害的,反而是他的妻子。

根據喬治・博尚所說,有人曾在羅貝爾被捕的時候見過瑪格麗特,當時她往索塞街走,看見戴爾瓦就習慣性地給他使眼色。為了能給丈夫和小姑子送包裹,瑪格麗特在戴爾瓦面前大顯魅力,戴爾瓦也認為她非常迷人,明顯地開始向她獻殷勤。而瑪格麗特則不動聲色,任其表演,即使她感覺難以忍受,也沒有反感的表示。也許是想盡快營救出他們,她已經崩潰到無所顧忌的程度,對於不利的現狀,她空有的只是這身皮囊,如果喜歡,儘管拿去。她只有一個念想:營救。

惶恐,疲累,煎熬,心驚膽戰……這些糾纏的詞語反覆地纏繞,就像背負著食物的螞蟻一般,密密麻麻地圍繞在她四周。她像吃了過多的安眠藥,徘徊在生與死之間。之後,瑪格麗特接受任務時巧遇了戴爾瓦,她走向他,希望能透過他的資訊圈了解自己丈夫的近況。因為之前她在申請包裹許可證的時候,戴爾瓦給瑪格麗特說,她的丈夫是他親自逮捕的,而且初審也是他搞的。瑪格麗特因此好似找到了方向,她開始經常跟著他,堅持要見他,跟他約會。戴爾瓦也會透露消息給瑪格麗特,說羅貝爾將要送往哪裡。她想讓戴爾瓦把包裹送給羅貝爾,而戴爾瓦也繼續欺騙她說自己可以做到,其實他根本就是吹噓,而瑪格麗特還是固執地信任著,甚至將她和戴

永遠的情人莒哈絲（修訂版）

爾瓦見面的事告知了密特朗。出於安全考慮，密特朗同意她和戴爾瓦繼續會面，但要在監視保護的情況下。

他們互動頻繁，戴爾瓦沒有給過瑪格麗特實質性的資訊，羅貝爾也從未收到過妻子準備的包裹。她聽信戴爾瓦想買通監獄女祕書的計畫，白送了一個黃金戒指給他。

大家都質疑戴爾瓦的能力，都覺得是戴爾瓦愛上了瑪格麗特，他們和諧得像對情侶。周圍質疑聲不斷，密特朗卻很相信瑪格麗特，說應該繼續保護她，瑪格麗特也為自己辯解說是害怕得不到丈夫的消息。她不可能沒有質疑過戴爾瓦的騙子伎倆，但她願意沉溺在這樣的騙局中，雖然之後在審判戴爾瓦的時候，她不留餘地的證詞是想置他於死地，但這也不能否定她有愛過戴爾瓦的可能。當然，要她承認這一點，更是不可能。

過度的投入並沒有任何收效，反而組織的活動屢屢受創，密特朗還是信任地保護著她。可有一天，戴爾瓦約瑪格麗特出來，拿出了一遝照片，對著其中一張密特朗的照片說，如果交出這個人，羅貝爾就會獲得自由。瑪格麗特並沒有背叛組織，她說如果告訴他這個人的行蹤，簡直是令人不齒的行為。她通知了迪奧尼斯，讓他告知密特朗，密特朗覺得戴爾瓦手上的那些照片若被蓋世太保知曉將會是一大隱患，所以他們決定槍殺戴爾瓦。迪奧尼斯負責這項任務，但是戴爾瓦太過狡詐，並沒有給他們留下鑽空子的可能。

局勢越加緊張，他們都恐懼死亡的降臨。組織的負責人陸續被捕，戴爾瓦的重要性越來越小，他充其量就是個德國員警。危機感

第五章 痛苦
殷勤的陷阱

逼近，瑪格麗特反而著急組織什麼時候能把戴爾瓦給解決了。在幾次槍殺失敗下，任務越加艱巨。其實，瑪格麗特能活著已經算是萬幸，因為當時有人說要把戴爾瓦身邊那個小個子女人也一併幹掉。

在最後一次暗殺行動失敗後，她結束了這場誘餌遊戲，之後，他們沒有再見面。再見的時候，瑪格麗特已是一心要置他於死地。1944年9月，戴爾瓦被捕，為了尋找證據，迪尼奧斯去找資料，遇見了戴爾瓦的夫人波萊特，他帶她跟戴爾瓦見面，結果並沒有取得什麼證據。在他看來，戴爾瓦只是蓋世太保的走狗，並沒有實質性的權利。瑪格麗特要迪奧尼斯對波萊特動用武力手段，迪奧尼斯拒絕了。

迪奧尼斯對這個無辜可憐的美麗女人充滿了同情，因為他知道波萊特深愛自己的丈夫，也明白她丈夫雖有罪過，但罪不至死。但瑪格麗特並沒有那麼好說話，她把仇恨的戾氣都加諸給波萊特，對她進行殘酷的審問，變本加厲的折磨和侮辱強壓在這個手無縛雞之力的女人身上。

瑪格麗特自羅貝爾出事後就沒和迪尼奧斯發生關係，雖然他依然陪伴在她的身邊，但這個時候，迪尼奧斯身邊出現了一個女人，後來還為迪尼奧斯生了一個孩子，而這個事情，瑪格麗特到死都一無所知，這個女人就是波萊特·戴爾瓦。

當時，迪尼奧斯是法國武裝部隊的少尉，也是戴爾瓦案件的聽證人之一。瑪格麗特說了很多不利於戴爾瓦的證詞，包括戴爾瓦每月十萬法郎的進帳和平日兜售油畫和舊書的行為。而就是這個事情

永遠的情人莒哈絲（修訂版）

後的一天，迪奧尼斯敲開了波萊特的家門，對她說：「逮捕您的時候，好像有人將您家洗劫一空。我是來道歉的，並且把東西還給您。我還找到了您的照片，現在我還給您。」波萊特表達了感謝後，他們私下漸漸有了密切的來往，因為迪尼奧斯也做了她丈夫曾經做過的事情，他答應波萊特會盡力營救她的丈夫。

如上所說，瑪格麗特在法官面前並沒有好言，甚至記者都說，多虧了昂泰爾姆夫人，一切都完了，戴爾瓦的命運從此再也無法逆轉。迪奧尼斯安撫受驚的波萊特，並出面找瑪格麗特要她收回第一次的證詞，迪奧尼斯不可能會說他和戴爾瓦夫人的這層關係，但是我想他會從戴爾瓦並沒有做出什麼傷天害理的角度去勸服瑪格麗特，讓她手下留情，不要置他於死地。雖然瑪格麗特聽從了迪奧尼斯的話，在第二天推翻了昨天的證詞，說了戴爾瓦的一些好話，但並沒有改變審判他死刑的結果。因為在審判尾聲時，有別的受害者說被戴爾瓦敲詐了四十萬法郎才營救出自己丈夫。沒有峰迴路轉的可能，查理斯‧戴爾瓦在1945年初被槍斃了，他的妻子也只能接受這樣的結果，但她並沒有和迪奧尼斯斷絕關係。

在1944年冬，瑪格麗特‧莒哈絲出版了《平靜的生活》，裡面詳盡寫了自己和小哥哥不為人知的亂倫關係。出版這本書的期間，她在等候著遠在集中營的丈夫，因為她得到消息，羅貝爾並沒有死，他還活著。之前在未知的情況下，她寢食難安，沒日沒夜地哭泣著，甚至決定，如果收到羅貝爾死亡的消息，她也要為他而死。幸虧密特朗打來電話說他活著，在臨時搭建的醫療棚房裡，羅貝爾

第五章　痛苦
殷勤的陷阱

的體重只剩下三十五公斤，他患了傷寒，他們不肯放人。

羅貝爾給瑪格麗特寫的第一封信上說：「我的小寶貝，終於能給你寫這封信，是在這世界的悲慘中，在痛苦中贏得的時間。一封情書。再見，瑪格麗特，你不知道的，你的名字令我這樣痛苦。」在絕地逢生的昂泰爾姆，心心念念的都是瑪格麗特，他想她，想到無法觸摸她細密的髮絲，撫摸她吹彈可破的臉頰，渴求的熱吻都是遙不可及，僅有的名字都像詛咒一般，只能縈繞在他的到大腦裡。

在 1945 年 5 月 1 日，羅貝爾寫道：「我已經被釋放兩天。我很高興，並且我們都很好地保持了體力。擁抱大家。」5 月 6 日，他又寫道：「我必須回去，我沒有生病，但我精疲力竭，因為集中營的生活實在太累人了。在這八天裡，我可能老了一百歲。剩下的就是幸福了。和你在一起，瑪格麗特。」

瑪格麗特收到羅貝爾的信後，在難以掩藏的激動下，她立即執筆寫道：「你活著，你還活著！我也不知道自己從哪裡回來的，我在地獄中堅持了多長時間⋯⋯我從不知道我是從什麼地方回來的，親愛的羅貝爾，我的寶貝⋯⋯你要有耐心，不要吃太多飯，不要喝酒，最好滴酒不沾。天氣很好，這就是和平，明白了吧！羅貝爾，今天的天氣多好啊，你牽制著我的生活，我引以為自豪的是，我和你生死相隨。」這激情澎湃又細語柔腸的文字，啃咬著羅貝爾的內心，他激動得無以言表，我的寶貝，我愛的人，她還在。

密特朗、博尚和迪奧尼斯思考再三，決定幫助羅貝爾逃走，而且也成功出逃了。而羅貝爾的妹妹瑪麗・路易絲卻在另一個集中營

永遠的情人莒哈絲（修訂版）

裡氣若游絲地等待死亡。

羅貝爾雖然逃出，但醫生看後都說他命懸一線，活不過今天晚上，而瑪格麗特不死心，又找了一個營養學家為其治療，命大的羅貝爾終於逃出了死神的禁錮。

1945年五月，羅貝爾回到了聖伯努瓦街，曾經的夥伴都為這個經歷了九死一生還能堅強活下來的朋友而慶幸。瑪格麗特耐心地照顧著虛弱的丈夫，大家都來看望他，迪奧尼斯也陪在她的身邊，他們見證了羅貝爾的新生。他一點點地復甦，像是被光熱迅速發酵膨脹的麵包，有了日漸精神的面龐。在療養院期間，她也沒有閒著，處理了伽利瑪紙張匱乏和她的作品重印的問題。

在巴黎附近的療養中心，羅貝爾的情人安娜‧瑪麗也會常來這裡。不知道出於嫉妒還是不甘，瑪格麗特又恢復了外遇，和迪奧尼斯的情人關係又死灰復燃。徘徊在兩個男人之間的瑪格麗特，發現丈夫和迪奧尼斯的友誼超乎尋常。她甚至不知道該選誰，對這樣的窘境，她很失措。所以，她提筆給迪奧尼斯寫了一封信。

羅貝爾睡著了。他非常愛你。他對我說，他覺得自己把你弄得疲憊不堪。

也許我們永遠不能在一起。

一切都不可挽回。再也不會有你的孩子了⋯⋯

曾經那麼信誓旦旦地揚言要為他生孩子的女人，已經直白地拒絕和他來往。雖然有些傷感，但對於多情的迪奧尼斯來說是無關痛癢的，他還有別的女人，他開始躲著她。

第五章　痛苦
殷勤的陷阱

　　之後，因為日本拒絕接受《波茨坦公告》，美國按原計劃在1945年8月6日對日本廣島投下了原子彈。在瑪格麗特的心裡，日軍曾是大規模在印度支那屠殺國人和當地民眾的兇手，雖然可恨，但她是個宣揚和平的女子，她對廣島那些無辜的民眾還是報以憐憫。

　　在她之後的作品《廣島之戀》裡，她說：「什麼也看不見，什麼也寫不出，什麼也說不了。真的，正是因為無能為力，才有了這部電影。」

　　在這部電影裡，能看到死亡的陰霾，情慾的起伏，而在這災難性的愛欲裡，他們已婚，卻對婚姻格格不入，就像是納韋爾被剃了光頭，廣島瞬間被灰燼一般，相互交疊的不是慾望而是悲劇性的高潮。那些屠弱無辜的凡夫俗子，在戰爭的炮灰下伸展著最潰爛的肢體，他們是急待拯救的靈魂，他們讓愛欲情仇在這一瞬間都失語，讓全世界都記得這不堪一擊的大地。

　　有人說，凡是不能實現的愛情就叫作廣島之戀，但實際上，凡是不能剔除的毒瘤也都是廣島之戀。它的意義不僅限於愛情，那些無法忘卻的傷痕更無法扼殺。對戰爭的駁斥和對災難的忘卻，應該才是廣島之戀中最深沉的意義。

　　六月底，羅貝爾離開療養院，他們在安納西湖邊的聖若里奧附近的一家旅館安頓了下來。他體重增加了，人也胖了。羅貝爾覺得這是為了妹妹，因為那時他就已經得知自己妹妹瑪麗·路易絲歿了，再也無法和她重逢。

永遠的情人莒哈絲（修訂版）

雖然瑪格麗特很盡責地照顧著復健的丈夫，但內心上無數隻螞蟻撕咬著她最後的理智，她舉棋不定，猶豫不決，最後又開始背著羅貝爾給迪奧尼斯寫信去了。

「我想你。我終於相信這根本是不可能的。」

「我的上帝啊，如何才能活得本質一點呢？你給我帶來了怎樣的孤獨啊。」

羅貝爾應該感覺到瑪格麗特對他的疏離，他曾在集中營裡每分每秒地思念自己的妻子，雖然他有情人，但是他愛著瑪格麗特，他很想讓他們的感情繼續維繫下去。可瑪格麗特拒絕了，她在1945年8月7日凌晨3點12分寫信給迪奧尼斯。

「不，我不玩雙重遊戲。在這裡，沒有人碰我。我會忍不住大叫大喊的。」

「我們要個孩子吧……我沒有孩子……沒有自己的孩子。」

「我不幸福……羅貝爾已經猜到我不屬於他了。他對我同情得要命。」

這個為愛瘋狂的女人，要為他捨棄自己的丈夫，還要為他生孩子，瑪格麗特對迪奧尼斯的飢渴，已經到了來勢迅猛且不可阻擋的地步。

瑪格麗特‧莒哈絲寫過這麼一句話：「人們聽到肉體的聲音，我會說是慾望的聲音，總之是內心的狂熱。聽到肉體能叫得這麼響，或者能使周圍的一切鴉雀無聲，過著完整的生活，夜裡和白天都這樣。如果你沒有體驗過絕對服從身體的慾望的必要性，就是

第五章　痛苦
殷勤的陷阱

說，如果你沒有體驗過激情，你在生活中就什麼也體驗不到。」亦或許他們都曾沉湎過對方的身體，才深知能愛到無法自拔。

終於，迪奧尼斯還是回來了。

「他像是要打人，憤怒讓他昏了頭，而他也只有發洩出憤怒才能繼續生活下去。」羅貝爾知道瑪格麗特終要離他而去。雖然這個名義上的妻子還是那麼盡責地照顧著他，但是她的心早已遠離，如同他們曾經早夭的孩子一樣，不可復存。

羅貝爾在這個時期寫過一首詩：

「這是我的朋友 /

他對我說了一切 /

他的臉只有一點點紅 /

雙手在顫抖 /

而我，我邁著局外人的步子 /

走進他的故事 /

然後我把他抱在懷裡 /

瞧，讓我們哭吧，哭吧 /

他看著我，我的朋友，他站起身來 /

在鋼琴上彈奏了 /

四五個音符 /

他走了 /

我呆在原地，渾身髒兮兮的 /

在床上蜷成一團 /

永遠的情人莒哈絲（修訂版）

抱著這個故事 /
這是我的朋友 /
他對我說了一切」

生活不是情景劇。每個人的世界觀不同，即便處在同一片天空下，倘若走的是獨木橋，再擁擠也只能是一個人的獨行。天空很大，我們擁抱不了，大海很深，我們無法徜徉。生活就是如此，嘆息物是人非，最後可能是轉眼成空⋯⋯

法國人的愛情並不需要同情這個字眼。夫妻一場，露水之歡，一刀切割，一念縫合，沒有撕裂聲，他們不用證明什麼。三人行，最終還是要有個人走上獨木橋。

迪奧尼斯的坦白比原子彈更具殺傷力。他們談了很多，從生到死，他接受了這個事實。

在《痛苦》裡，有了一個結果性的答覆：「後來有一天，我對他說，我們離婚吧，說我希望和迪奧尼斯要個孩子，說離婚是為了孩子姓什麼的問題。他問我，我們是不是還有可能再在一起。我說沒有，說自從兩年前碰到迪奧尼斯起，我就再也沒有改變過主意。」

對情人說為他生孩子是情慾起，對丈夫說為別人生孩子是情緣滅。他心如死灰。這樣赤裸裸的告白比五馬分屍還殘忍，比千刀萬剮更殘酷，他們將緣盡於此。

《莒哈絲語錄》

夫妻之間最真實的東西是背叛。任何一對夫妻，哪怕是最美滿

第五章　痛苦
殷勤的陷阱

的夫妻，都不可能在愛情中相互激勵。在通姦中，女人因害怕和偷偷摸摸而興奮，男人則從中看到一個更能激起情慾的目標。

永遠的情人莒哈絲（修訂版）

懷孕了，孩子不是他的

　　1945 年的秋天，羅貝爾和瑪格麗特回到了聖伯努瓦街，迪奧尼斯照舊住在母親家，平時還是會來往於兩地間。

　　羅貝爾和瑪格麗特開誠布公後，他們的關係僅限於深厚的友誼和智慧性的溝通，相互尊重彼此的感情，互不打擾。她能平心靜氣地在羅貝爾面前和迪奧尼斯談情說愛，但在外人眼裡，她和羅貝爾還是夫妻，為了免於尷尬，他們不得不選擇到旅館去做愛。

　　瑪格麗特是個熱情的人，她的家常常賓客盈門，她的廚藝大家有目共睹。聖伯努瓦街漸漸演變成一個烏托邦似的聚集點，他們互相選擇自己的重組伴侶，輕偎低傍，耳鬢廝磨，狂歡一夜後，再各自回歸自己的家。她很狂熱，甚至有人覺得跟她在一起什麼都是有可能的。在這裡，人們可以輕易交換自己的理想、信念，甚至是性。羅貝爾和另外一個身材姣好、面容青澀的女子發生了關係，這個女人之前還曾是迪奧尼斯的情人。瑪格麗特對他們複雜的關係還是憂心忡忡，她沒有正式離婚，也只是因為等迪奧尼斯給她一個答覆。

　　瑪格麗特和羅貝爾攜手成為臨時出版商，瑪格麗特一邊跟情人勾勾搭搭，一邊盡力做大家眼裡的好妻子，她為這份尷尬的關係而焦灼，她愛迪奧尼斯，她覺得自己忍受不了這份痛苦的煎熬，她覺

第五章　痛苦
懷孕了，孩子不是他的

得他們三人都會被拖垮。可迪奧尼斯並不以為然，他照舊去看他的老情人波萊特。他覺得這並不衝突，這樣左擁右抱的日子他很是享受，直到她們都相繼懷孕。

瑪格麗特並不知道迪奧尼斯有私生子的事情，羅貝爾也是後來才從迪奧尼斯口中得知他有私生子。羅貝爾會選擇離開，正是因為瑪格麗特懷孕了，孩子不是他的，她肚子裡孕育的正是迪奧尼斯的孩子。

瑪格麗特並沒有和迪奧尼斯結婚，那些客套似的規矩對他們而言並沒有說服力。他們覺得沒必要用一張憑證來維繫雙方的感情，合則聚，不合則散。對於能再次懷孕，她是既充滿感恩又萬分地小心翼翼。那種喜悅就像面對精心包裹的禮物，不能瞬間拆包，但能透過那種素淡的肉粉色包裝感受到那種神祕的膨脹。

她耐心地等待著這份禮物的到來，認真地記錄著每一刻的變化。「他開始亂動，正好就在我的肚臍下面，於是我把手平放在我的肚子上，感受他。他頂起我的手，在肚子裡面到處亂竄，那麼調皮，我不禁笑了。我在想，他睡著了沒有⋯⋯」

瑪格麗特濃濃的母性情懷越發顯露，雖然羅貝爾很想讓出他的位置給迪奧尼斯，但是迪奧尼斯婉拒了。他還是習慣每天照舊來聖伯努瓦街，而瑪格麗特也沉浸在孕育生命的快樂中。大家都祝賀羅貝爾，因為街坊鄰里都以為瑪格麗特懷的是羅貝爾的孩子。

這個沉得住氣的男人，並沒有對任何人說自己的妻子懷的不是他的孩子，除了他的新女友。直到1947年4月24日，瑪格麗特

永遠的情人莒哈絲（修訂版）

和羅貝爾在塞納區民事法庭辦理離婚，她在眾目睽睽之下，說出了他們三人尷尬的關係。迪奧尼斯並不滿意瑪格麗特這樣毫不掩飾的坦白，那種嘲弄似的過錯感讓他覺得很不舒服。

瑪格麗特在《痛苦》中說，離婚是為了孩子姓什麼的問題。這個理由過於牽強。孩子的血緣無法更改，姓氏也只是一個人的代稱，她是個連和迪奧尼斯公證婚姻都不屑的人，而這無關痛癢的姓氏問題更不足以成為她要離婚的藉口，這只不過是一種心理上的芥蒂，相比較，那些所謂的嘲弄、恥笑、謾罵她都無所畏懼，對她而言，愛是宣示性的占有，不是模糊的代名詞。

1947 年 6 月 30 日，烏塔出生。這個從她肚裡奮力蹦出的孩子是那麼可愛，那清亮的啼哭聲，蠕動的小肢體，粉肉色的嫩皮膚，每一個輕緩的動作都表示著他活著。瑪格麗特喜極而泣，驚喜欲狂，這個禮物似的寶貝，讓她終於在生命傳承的答卷上交出了一份鮮活的證明，她不再是生不出活孩子的母親，她沒有失去世界（莒哈絲曾說，不當母親會失去半個世界），她終於可以離開那個陰霾的回憶了。

「他睡了。他和我一樣的自由。我的生命與他的生命相連，取決於他的生命，他最微小的一點變化也能牽動我的生命。」

「他笑著，發出笑的聲音。有風，這聲音的一部分傳到我的耳朵裡。於是我掀去了童車的篷，把他的長頸鹿給他，想讓他再笑一下，我把我的頭埋進他的車篷，想要抓住這聲音。我孩子的笑聲。我把耳朵貼在貝殼上，我聽見了大海的聲音。」

第五章　痛苦
懷孕了，孩子不是他的

這個來之不易的小生命，讓占有欲極強的她重塑了新的生活。她開始尊重孩子，她要賦予他全新的自由和別樣的童年。正因為她不曾擁有過那些無憂無慮的愜意，她就要用生命搭建一座沒有喧囂的童話城堡給他。她極度想讓這個眼睛會笑的孩子擁有不被打擾的成長。

她有一種強人所難的霸道，她總是央求著迪奧尼斯說愛她，但他都未回應。因為情感的壓力，他連自己兒子滿一周歲的生日都拒絕前往慶祝。在感情上無往不利的瑪格麗特在迪奧尼斯身上撞到了冰山，她看到不重視的沉默，感受到沉悶的關係裡無法黏合的缺口，這種無法逃脫的壓抑情緒讓她瞬間爆發，她又寫信給他。

「你顯然是煩我了，你不停地彈鋼琴，讓我的神經幾乎都要崩潰，尤其是你對我的蔑視……我看出來了，你想壓倒我，想整平我。」

她在情感的領土上，較真地分割主權。一句「我愛你」可能是對愛的挽留，是對愛的宣告。而在她看來，一句「我愛你」，是一種臣服。

討厭爭吵的迪奧尼斯還是退了一步。他們的關係總是很容易在繃緊快斷的一刹那，又瞬間彈性地複合在一塊。這或許就是不是冤家不聚頭的道理。

瑪格麗特有烏托邦情節，她抱怨過法國民眾的麻木不仁，她的服從並非真正意義上的服從。之後，瑪格麗特的政治性觀念言論遭到了朋友的背叛，她被組織驅逐，連同迪奧尼斯和羅貝爾也

永遠的情人莒哈絲（修訂版）

是如此。他們深陷痛苦也曾極力為自身辯護，但最終他們都接受了事實。

離婚後的瑪格麗特與伽利瑪出版社簽訂了《抵擋太平洋的堤壩》的小說合約，她在合約書上簽寫了多納迪厄的姓氏，正式脫離了昂泰爾姆夫人的稱謂，但筆名不變，依然是莒哈絲。

瑪格麗特的作品一經出版，她就帶著兒子烏塔去度假了。

《抵擋太平洋的堤壩》出版後收效不好，雖然業界也給予過好評。還一度入圍龔固爾獎，但支持率只有一票，可謂是慘澹收場。

1949年，她的母親瑪麗·多納迪厄從印度支那返回了法國，在盧瓦爾省買了一座古堡，帶著僕人開始了晚年生活。她對大兒子的愛從未變質，她甚至還為大兒子買了地皮。瑪格麗特沒有計較，她討好似的讓母親分享了自己的新作品，瑪麗也通宵達旦地品讀了《抵擋太平洋的堤壩》，瑪格麗特翹首期待著母親的回應，卻沒想，等到的卻是母親大發雷霆，責罵女兒把自己的不堪往事變成大家茶餘飯後的笑料，她甚至蓋棺定論，稱此書就是高度淫穢的作品。母親歇斯底里的憤怒讓瑪格麗特極度失望，好不容易想靠近的心，又漸漸開始疏遠。「在她看來，我在書中控訴了她的失敗。我揭露了她！她這樣理解這本書，成了我生命中的悲哀之一。」

她很想得到母親的諒解，化解她們彼此存在的誤會。瑪格麗特邀請了母親去聖伯努瓦街吃飯，為了緩解尷尬的氣氛，她甚至還叫了迪奧尼斯和羅貝爾他們。飯後，瑪格麗特有事離開，獨留迪奧尼斯和瑪格麗特的母親在談話，他的言語從禮貌恭敬到大聲質問。在

第五章　痛苦
懷孕了，孩子不是他的

迪奧尼斯的心裡，他不能理解一個母親會如此殘暴而又絕情地對待自己的女兒，瑪麗並沒有回答迪奧尼斯什麼，她一如既往的冷漠。這個保守的女人，無論在什麼場合，她都很注重自己的儀態，她看似沒有底線，卻又死要面子。瑪麗嚷嚷著要回去，直到女兒回來挽留，她都不願待在這裡，而她也從未留宿過聖伯努瓦街。

「她在盧瓦爾‧歇爾省，住在一處偽造的路易十四城堡中，生活了一個時期，後來死在那裡。」（《情人》）

有些愛，一輩子都在乞討；有些債，一輩子都未還清。

《莒哈絲語錄》

厭倦還在。只有厭倦不時會襲來。我每次都以為厭倦到了頭，可是這不對，厭倦的盡頭總是另一個厭倦的源頭。人可以靠厭倦活著，有時我在拂曉時醒來，發現黑夜在來臨的白晝過強的白光前束手無策，落荒而逃。一股潮濕的涼風，純淨得幾乎令人窒息，它從海上擴散開來，搶在啁啾的鳥鳴前闖進了房間。這時，我無話可說。這時，我發現了新的厭倦，它來自比頭一天更遠的地方，用一天時間挖出的洞。

永遠的情人莒哈絲（修訂版）

我愛您，再見

　　不曾擁有愛的人，對愛才會索求無度。歲月遞嬗，不再是少不更事的青年，那些告白如風而逝，那些追求會演變成日復一日的平淡。

　　迪奧尼斯做到了親情，卻沒有做到愛情。倨傲的瑪格麗特是那麼喜歡迪奧尼斯，但又恐懼於他對自己的不理不睬，他並不像自己喜歡他一樣喜歡自己，這種失落感讓她痛苦。他們一直沒有結婚，也沒有住在一起，這種放任式的愛情令她喘不過氣，她想獨自生活。

　　「我愛您，但是由於您始終不肯承認這份愛，我希望離開您，非常希望。我在一種奇怪的境遇中，沒有悲傷也沒有歡樂。當然，我想得到您的吻，並且只有您能夠讓我滿足。我不再害怕孤獨。也許我變得堅強了……過了五年這樣的生活，我累了……」

　　她累了，這個在愛情裡總是光芒萬丈的女人要熄燈了。她要吹滅他們的愛情，澆熄他們的愛欲。她想獨自走出去，離開不愛，才能有愛。

　　迪奧尼斯不同意，他拒絕分開，又不和瑪格麗特來往，他們各自消遣，又互相折磨著彼此。他一如既往地和別的女人勾勾搭搭，

第五章　痛苦
我愛您，再見

而瑪格麗特為了讓迪奧尼斯嫉妒，她去誘惑別的男人，甚至跟不同的情人開房，直到這樁豔史人盡皆知，身邊人都極力勸解瑪格麗特不要誤入歧途。作為和解，她接受了和迪奧尼斯去威尼斯旅行的結果。

一個男人，如果真的愛你，你不用做什麼，他都會時刻牽掛著你。風再大，他會來；雨再大，他會等。事再忙，他都會停一停，這是男人願不願意的事，而不是拿自己做箭靶，將自己陷入這種萬劫不復的境地。這種看似找到了綠洲卻還深陷沙漠的成功終究是失敗的，她得不到憐憫，更有可能得不償失。

她筆耕不輟，從未停止續寫她的新作品，迪奧尼斯不是羅貝爾，羅貝爾可以輕易地包容她的缺陷，而迪奧尼斯常常不留情面地數落瑪格麗特的作品沒有自我風格，缺乏新意。

大家都開始談論她，她的花邊新聞甚至超越了她的作品。

她的書不暢銷，但她還在瘋狂地寫作。

她一邊大方宴請著聖伯努瓦街的朋友，一邊勒緊褲腰帶過著拮据的生活。她和迪奧尼斯是一對很怪異的情侶，他們會在眾人面前挖苦對方，指責對方，但是他們又會在最後關頭握手言和。

瑪格麗特覺得自己是孤獨的，同時又是富有的。孤獨是她一個人的含辛茹苦，富有是兩個人的相互陪伴。

1956年八月，瑪格麗特的母親瑪麗·多納迪厄在盧瓦河邊的翁贊去世。沒有了母親，她還有孩子，一個賦予了溫柔就會回饋笑容的孩子。

永遠的情人莒哈絲（修訂版）

　　知名度提升，年歲增長，她漸漸不再接受任何人對她作品的批評。甚至是迪奧尼斯，她都拒絕把初稿給他看，因為她想擺脫他，不僅僅是生活上，還有經濟上。為了生活，她開始接各種報紙、雜誌、出版方的邀請，她甚至自行調高價碼，羅貝爾知道後很動怒，他覺得她是在墮落，瑪格麗特只好暫時不寫，不過她還是發揮了她專橫式的霸道，她嫉妒，一點點瑣事都能使她動怒，她的占有欲讓別的女人都很害怕。

　　她用《抵擋太平洋的堤壩》改編的電影版權收入在塞納—瓦茲省的諾夫勒堡買了房子。諾夫勒堡只是一個地名，而並非城堡，這裡有一座矗立的水塔，而這水塔對瑪格麗特而言是不美觀的存在，她讓人堵了它，蠻橫地不允許別人在她面前提及這個敏感的水塔。

　　她的房子建在平原上方的高處，要穿越毫無人煙的森林，屋子視野很好，居高臨下，靜謐而又不被打擾。通往她家的路上有知名的舊磨坊小路，一路上能看到素淡的紫色小花。有含苞吐豔的丁香，有如蝶翩躚的鳶尾，還有細枝纏繞的青藤，上面垂掛著如瀑下垂的紫藤花。這是被紫色包裹的仙境，一切美不勝收。低矮的小房子簇擁其間，小道上四溢著乳酪和麵包的香味，每當整點到來，遠處教堂還會傳來叮叮噹噹的鐘聲。這裡是被現實切割過的童話，時間靜止，喧囂遠離。這裡就是她的精神烏托邦。

　　在一個酷熱的夏天，烈日灼灼，火雲如燒，瑪格麗特開車帶著兒子去了特魯維爾。她本以為迪奧尼斯也會來，結果只剩她和烏塔。她太疲倦了，覺得自己已經超出了忍耐極限，於是選擇寫下最

第五章　痛苦
我愛您，再見

後的一封信給迪奧尼斯。

「您從來沒有和我說過。我說的關於您的……我欠了您什麼？四十二歲，我不想再繼續以前的生活。我太累了，請您原諒。似乎我以前所有所有的巨大的善意已經被劫掠一空。也許是我的錯。我的童年無名無姓，我曾經一無所有，所以您辱罵我的時候我都覺得是對的。我想要在您的身上得到這世界所有的美好。但是，如果您想在我身上得到這種美好，我卻不願意。」

他們愛到不復初見。一次次的推開，一步步的退讓，偽裝的堅強也會有不復存在的一天。有種熟悉是從陌生開始，有種陌生是從熟悉結束。愛到疲勞，愛到負累，愛到如此的盲目。像個瞎子一般，恨不得戳瞎了雙眼，才能無牽無掛地告別。

是啊，告別。迪奧尼斯問瑪格麗特：「你究竟對我有什麼不滿？」瑪格麗特乾巴巴地回答說：「剛才您還用你來稱呼我。」

再見亦不必違心地破口大罵，只需一個小小的藉口，就能輕易地解開所有的牽扯。渴望的給予不了，奢望的也從未付出，不用每天翹首等待，不用自欺欺人地愚弄自己。解放了，終於可以安靜地睡下去，明天太陽依然會照常升起。

收回了失去的領地會過得更好，如果得不到，寧可顆粒無收。

《莒哈絲語錄》

我遇見你。我記得你。這座城市天生就適合戀愛。你天生就適合我的身體。你是誰？你害了我。我那時飢不擇食。渴望不貞，與

永遠的情人莒哈絲（修訂版）

人通姦，撒謊騙人，但求一死。很久以來，一直這樣。我料到，你總有一天會出現在我面前。我平靜地，極不耐煩地等待著你。

第五章　痛苦
撒謊的男人

撒謊的男人

《塔吉尼亞的小馬》裡，薩拉說：「他經常欺騙我，而我至今還沒有欺騙過他。」

薩拉是瑪格麗特，而那個他是迪奧尼斯。她修補著他們破洞百出的感情，除了肉慾，就剩下可憐的愛情。唯一的饋贈只是烏塔的存在。有人說，瑪格麗特是一個容易被騙的女人，何不說她願意被騙呢，雖然他們分開了，但她到風燭殘年，氣若游絲那刻，還惦記著迪奧尼斯的好，甚至還誇他風度翩翩、英俊瀟灑。原以為是屬於自己未來的人，走著走著就匆匆謝幕了。或許這就是世事多變吧。

1956 年 9 月，瑪格麗特的第一部戲劇《街心花園》上演，這部劇沒有獲得好評，她似乎習以為常，她又投入了新的熱戀當中。

她愛上了一個憂鬱迷離且博學多才的男人，他叫熱拉爾·雅爾洛，是個記者，也是作家。他欣賞瑪格麗特，瑪格麗特也痴迷於他，雙方都有文學的熱情，同樣也對彼此有肉慾的需求。

熱拉爾在阿拉貢的報紙《今晚》任編輯，他出生在資產階級家庭中，少年成才，二十歲就出版了自己的小說。雖然他比瑪格麗特小，但熱拉爾結婚早，他已經是三個孩子的父親。瑪格麗特稱他為「撒謊的男人」，而他的朋友形容他是愛吹牛的但同時又具有穩重

永遠的情人莒哈絲（修訂版）

一面的男人。不難看出，熱拉爾在言語上是很討人女人歡心。吹牛也是一種本事，過頭就是誇誇其談，得當就是張弛有度。這樣的男人，無論在哪裡都是左右逢源，更何況他天生帥氣，瑪格麗特在《物質生活》中說到過他：「這個男人是個非常有天賦的作家。他很細膩，很古怪，很迷人，他還很健談，身上有很罕見的品質。」

熱拉爾是個有怪癖的人，他會給同事說他和瑪格麗特做愛的經過，他還邀請夥伴去觀摩他和瑪格麗特做愛。瑪格麗特是個沉迷肉慾的女人，她甚至豪放地說，我愛男人，我只愛男人，我可以一次有五十個男人。

她為何要用這麼確切性的數字去表述肉慾，因為每當她產生慾望的時候，她就相愛。她覺得如果慾望受蔑視，遭蹂躪，那就是對肉體犯下的一樁罪行。解放肉體的同時也是在殘殺肉體。愛，是一種激情。

她的生活被熱拉爾打亂了，她陷入了這瘋狂的愛慾中，最為典型的事情要屬她母親去世時，前一天她爛醉如泥，第二天就要奔赴葬禮。結果，熱拉爾和瑪格麗特開到半路就愛慾漸濃，還沒到母親家就折轉到附近的旅館裡。

「我們又做了。我們無法說話，只是喝酒。他很冷血，一邊喝一邊打。打我的臉和身體的其他地方。我們無法彼此接近，我們很害怕，一直再抖。」熱拉爾在旅館裡並沒有參加葬禮。瑪格麗特參加完葬禮後，又回來繼續和熱拉爾做愛。

酒精麻醉著他們的神經，他們互相暴力地毆打著對方，那些累

第五章　痛苦
撒謊的男人

累傷痕是他們相愛的證明,這種性虐戀是瑪格麗特不曾有過的經歷,他們濃情似火地燃燒了整個冬天,以致她無法專心投入寫作。

值得一提的是,有人曾告訴瑪格麗特,說瑪麗在生命終結的前一刻,還眷戀不捨地摟著大哥皮埃爾。這個扭曲的家庭本來就不讓她喜歡,更不要說如此摟抱。大哥皮埃爾喚來了公證人宣布遺產分配,瑪格麗特遺憾的不是母親沒留多少遺產給她,而是母親從未真心接納過自己。她越發感受到了孤獨,之後皮埃爾把家產揮霍殆盡,直至窮死,她都冷漠處之,因為,她不想記得那些與自己格格不入的親情。

1958年,瑪格麗特的知名度又到了一個高峰,她的小說《慢板如歌》出版,她還在《法蘭西觀察家》工作,甚至她曾經不賣座的《街心花園》上演了三十場,她從文學作品跨度到新聞報刊再到戲劇,最後還涉獵到電影。

勒內‧克雷芒把她的作品《抵擋太平洋的堤壩》搬上了銀幕,在這年的各大影院都在放她的作品,雖然她不滿意勒內‧克雷芒拍的電影效果,但在接受訪問的時候,她還是違心地對媒體人說「這是一部很美的片子」,因為她要借機宣傳自己的作品,讓《抵擋太平洋的堤壩》小說可以再次大賣。「有些人也許會因為作品而感到尷尬。對此我根本無所謂。我沒有什麼再好失去的了。既然我已經把它寫了出來,我早就冒了這個險,早就不顧體面了。」

其實,在輝煌的背後,還有很多不為人知的事情。比如她暫時離開老東家伽利瑪,投入了新東家子夜出版社的懷抱,當時出版的

永遠的情人莒哈絲（修訂版）

《慢板如歌》就是出自子夜出版社。

她是個性情中人，極度需要被重視。她覺得含辛茹苦孕育而出的作品在伽利瑪出版社並未得到關注，而子夜出版社的阿蘭‧羅布‧格里耶欣賞她的作品，給她很大的肯定，甚至讓她不要繼續傳統，讓她大膽突破以往作品。他用了兩年的時間，成功說服瑪格麗特加入了子夜出版社。

瑪格麗特聽從他的建議，寫信告訴伽利瑪，希望允許她將下一本書放在別的出版社出版，她說希望趁這一本書出來的時候分手。她決絕地用分手來表達她和老東家間的感情。長期的合作夥伴突然要離開，伽利瑪出版社的當事人當然也有挽留，回信告訴她不要意氣用事，她的作品在這裡依然能得到很好的保護。而瑪格麗特還是請求給予自由。

在她完稿《慢板如歌》後，伽利瑪讓步了：「您就把這部手稿給別人吧。但是我相信您肯定會把以後的所有小說都給我的。」這巧妙的回答沒有切斷他們之間的關聯，在後期，她大量的作品確實在不同的時段出版在這兩家，她在不同出版社間穿插，感受著給予她的肯定。她是個感性的人，她要的是讚美的肯定而不是不理不睬的忽略。如果你漠視她，她就會離開你的懷抱，如同當年她對迪奧尼斯一樣。

機緣巧遇，法國的阿蘭‧雷內導演要拍一部長膠電影，是關於廣島的紀錄片，他遇見了瑪格麗特，對她說：「您只要負責文學的一面，不要管鏡頭的事情。」歷時九個月，她完成了《廣島之戀》

第五章　痛苦
撒謊的男人

的電影劇本。1959 年 5 月,這部劇代表法國參展坎城影展,**轟動了整個西方影壇**。

值得一提的是,電影的片頭有熱拉爾的名字,他是這部電影的文學顧問。這個男人在她的生活和作品中還是層出不窮地出現,他既沒有丟下自己的家庭,又時不時地跟瑪格麗特溫存一番。他經常出差,瑪格麗特默默地期待著他的到來。這個喜歡叛逆不喜歡溫順的女人,突然像依附的藤蘿,順從地黏合著他,配合著他繁忙的時間,甚至他要求她在文人圈子裡給予他保護,她都同意了。熱拉爾也漸漸融入瑪格麗特的圈子中,他的幽默、圓滑、機智、聰明都能博得大家的欣賞,但是他的撒謊癖好還是讓瑪格麗特抓狂。然而她的朋友卻說,瑪格麗特和熱拉爾一樣善於撒謊,他們互相欺騙。

這種另類的交往關係實在讓人瞠目結舌。相比於撒謊,她更厭惡背叛。阿蘭・雷內成名後,就沒有找瑪格麗特寫劇本,他希望和不同的作家接觸,但是這樣觸犯了瑪格麗特的禁忌,瑪格麗特認為如果你需要我,你就要一直跟隨著我的步伐,不許朝秦暮楚,不准移情別戀,而阿蘭・雷內的做法讓她認為這就是背信棄義。嫉妒和恨意的交疊,讓她永遠都不會忘記阿蘭・雷內的背叛。

瑪格麗特魔鬼似的控制欲讓人驚詫。她越發勤奮地寫作,寫得越來越多,四年寫了六部作品,從戲劇、電影到小說,她一一涉獵。她開始酗酒,沒日沒夜地喝,甚至還偷喝熱拉爾公寓的私藏,她渴望用自己的作品拴住他。即便他欺騙她,瑪格麗特還是愛他,愛到為他梳理他的作品。正因為她的幫助,熱拉爾熬了十年的大作《狂

永遠的情人莒哈絲（修訂版）

吠的貓》才能那麼快正式出版。他在接受訪談中說道：「我花了十年的時間寫成了這本書——此刻分離到來，這對我來說實在是很困難。我成了一個不知所措的父親，就好像我在原子彈爆炸中失去了我的家庭。」雖然這句只是坦承他與書的感情，但是他在現實的婚姻中，一直都是婚外情的角色參演者。這本書毀譽參半，但作為梅迪西斯獎評委的瑪格麗特還是把獎頒給了熱拉爾，他們彼此妒忌著對方，但此刻，他終於踩在了與她相同的位置上，熱拉爾感到前所未有的滿足。

1966年2月22日的春天，熱拉爾死於一家旅館中，年僅四十三歲。當時報警的是一個年輕女性。得知熱拉爾的死訊，瑪格麗特瘋狂了。她不信，甚至找員警找朋友要求再次調查，調查結果是熱拉爾本身就患有心臟病，但是為了滿足自己那赤裸的淫欲，他無所畏懼，那不可停息的欲念令他瘋狂，所以，他最後死在與一位女子交歡的床上。

熱拉爾只是想和別人的女人激情一番，卻沒想到用這樣的方式了卻了生命，他從心到肉體，無一不是背叛著瑪格麗特，但瑪格麗特像著了魔一樣仍然愛著熱拉爾，愛到嫉妒和他死前溫存過的女人。

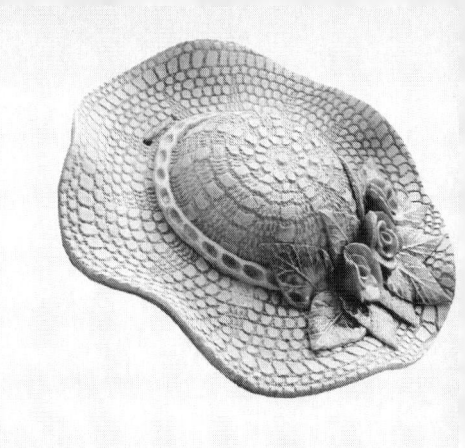

第六章　揚・安德莉亞・斯泰奈

《莒哈絲語錄》

她對他說，他一輩子都會記得這 80 年的夏天，他六歲這年的夏天。等他十六歲時，可以在今天這個時期來……她說：你和我們一起做愛。他說好的，他沒說他不明白。

永遠的情人莒哈絲（修訂版）

80 年夏

「愛情是永存的，哪怕沒有情人。重要的是，要有對愛情的這種癖好。」

酒精、寫作、戲劇、電影、示威、諾弗勒……這些年，她用文字撐起了愛情，用戲劇演繹著她的情慾，用電影記錄著她的怒吼，用示威抗議著不公，她蜷縮在她的小宇宙裡，一次次爆發，和這些事物輪番交戰著。瑪格麗特樂此不疲。直到 1980 年的夏天。

那個二十七歲的男孩款款地向她走來，他叫揚・勒梅，是在康城讀書的一名哲學系學生。他是瑪格麗特的忠實讀者，雖然他們相識於 1980 年，但他很早就拜讀過瑪格麗特出版的所有作品，只是無緣見面。揚說他第一次讀瑪格麗特作品《塔吉尼亞的小馬》時就對她一見鍾情。那個稚氣的男孩對這個名叫莒哈絲的女人充滿了好奇。

他把所有別人的書都扔掉，唯讀莒哈絲的作品。他不認識瑪格麗特，對她一無所知，沒有人跟他提起，也沒人問過，他就這樣默默地鍾愛著瑪格麗特的作品，像注入身體裡的毒品，直到他再也離不開這份精神食糧。揚在《情人莒哈絲》中說：「我是一個真正的讀者。我立即就愛上了她寫的每一個字，每一個句子，每一本書。

第六章　揚‧安德莉亞‧斯泰奈
80年夏

我讀了又讀,把書中的句子完整地抄寫在紙上。我想成為這個名字。抄她所寫的東西,讓自己模糊不清,成為一隻抄寫她的文字的手。對我來說,莒哈絲成了文字本身。」

不知揚是否把這個舉動告訴過瑪格麗特,但身為一個作者,如若有讀者會如此欣賞、重視、滿意自己的作品,一定甚為感動。當然,瑪格麗特是另類的,沒有人能知道她在想什麼,會做什麼。或許,她覺得這樣的膜拜就跟喝開水一樣自然。

曾經有一名記者問莒哈絲:「這總是您最後一次愛情了吧?」

她笑著回答說:「我怎麼知道呢?」

雖然她生命結束之前未曾知曉結果,但揚確實是瑪格麗特生命中的最後一個情人。

「我的夜晚不應該再在酒精中度過,我應該早點睡,這樣我才能給你寫很長很長的信而不死去。」在諾弗勒,她夜夜和酒精為伍,她沉淪在虛幻中,她發現自己胖了,覺得自己不再會有情人愛了,只能對著一個不存在的文字情人訴說自己的不忠誠:「我對你產生的這種愛情,我知道它是虛幻的。儘管表面上看起來我愛的是你,其實我愛的僅僅是愛情。」

瑪格麗特是個性情中人,她對愛的執拗是常人無法理解與想像的。好比她那難以相處的霸道和專橫,懂她的人不會與之計較,不理解她的人只會離她越來越遠。與她相處,你如果是一味忍受的態度,她會對你表示厭煩,雖然瑪格麗特說喜歡與不愛她的人在一起,不喜歡與太愛她的人在一起,可是她的生活永遠少不了恭維,

永遠的情人莒哈絲（修訂版）

少不了讚美，她是一朵希望被綠葉簇擁的花，在她的人生裡，她不屑於當幕後背景，她要的就是主角的氣場和王者的待遇。

米榭勒·芒梭在《女友莒哈絲》中寫過，她曾看過瑪格麗特寫給一個陌生情人的信件。

「我總想保留一個地方，讓我獨自待在那兒，讓我可以在那裡愛。不知道愛什麼，既不知道愛誰，也不知道怎麼愛，愛多久，但要自己心中保留一個等待的地方，別人永遠都不會知道，等待愛，也許不知道愛誰，但等的是它，愛。我想對你說，你就是這種等待。」

成名後，瑪格麗特陸續會在聖伯努瓦街收到書迷寄來的信件，上面這句是否就是回信呢？瑪格麗特會打開信件查看，但她不會回覆信件給讀者。唯獨回覆的也只有揚，所以，這句話應該是寫給揚的。但也許這僅是她憑空寫給文字情人的一段話。

揚第一次見到瑪格麗特，是在康城的「呂克斯」電影院，那時播放了《印度之歌》，她應邀參加大學生組織的一場關於《印度之歌》的討論會。揚當時太害羞了，害羞到打消了預想中買束花送她的衝動，他懷揣著一本瑪格麗特的作品《毀滅吧，她說》，只想單純地想要一個簽名就好。

這個黑髮絲微捲，鼻子堅挺，額頭飽滿，瘦高，戴著圓框眼鏡，一臉憨相的男孩專注地看著他崇拜的莒哈絲。他記得她穿著電影製片人送給她的那件棕栗色皮背心和那件他說穿了二十多年的雞爪狀花紋的裙子，腳蹬威士頓式的高幫皮鞋。揚曾經向瑪格麗特借過那

第六章　揚・安德莉亞・斯泰奈
80 年夏

件皮背心，但她太喜歡這件衣服了，說：「只能借你幾天，好讓你跟我一起出去。」

揚跟瑪格麗特相處了十五年，她的可愛，她的任性，她的易怒，他都看在眼裡，甚至瑪格麗特對他發洩式的謾罵，都沒使他離開她，直至她老死。我覺得揚的可貴之處就在於那種不離不棄的忠貞。

那天，揚坐在正對她位置的第一排，他羞澀地提出了一個自己都迷糊的問題，結果，瑪格麗特笑了，開導他說這是一個非常好的問題，也做出了回答。揚沉浸在瑪格麗特磁性的話語中，忘記了她說什麼，他什麼也聽不到，眼裡只有她的存在，他看著這萬頭鑽動的大廳，他都替她緊張，生怕大家對她的新作品有任何的不滿意，多慮到害怕在座的聽眾會傷害她。

這個暖心的男孩，是如此淺顯地暴露著自己的愛意，他想呵護她、照顧她、擁有她，想讓她不被外界的任何言語荼毒。揚是在她微茫的生命盡頭裡閃現的騎士，好似只要給他一匹快馬一把利刀，他就能隨時奔赴戰場橫掃天下。

瑪格麗特流暢地為揚帶來的書簽上了自己的名字，揚凝視著她，低聲細語地說：「我想寫信給您。」揚擔憂被拒，緊張到連呼吸聲都沒了，身體不自覺地瑟瑟發抖，他覺得自己的小心臟都快要跳出來，只能這麼近距離地觀望著她。結果，瑪格麗特在書上給他寫下了一排細密小字：「巴黎，第六區，聖伯努瓦路五號。」她說：「您可以照這個地址給我寫信。」

永遠的情人莒哈絲（修訂版）

「我從來不曾以『你』稱呼她。有時，她希望我這樣稱呼她，希望我以『你』稱她，希望我能直呼她的名字。但我叫不出來，這個名字無法從我嘴裡說出來。對她來說，這是一種痛苦。」揚對瑪格麗特有種謙卑的禮遇，即便是一個簡單的稱呼。

討論結束後，那些年輕的學生邀請瑪格麗特去酒吧喝酒，喝到深夜兩點鐘，她準備開車回去，結果揚走過來說，願意陪她談談對她的作品感想，結果，一聊就到很晚。

她走了，「她把我扔在康城火車站對面的那家叫『出發』的小酒吧裡……」他默默對她說，「路上小心」，看著瑪格麗特頭也不回地開車回諾弗勒去了。

揚寫過很多信給瑪格麗特，她起初都沒有回覆。揚的來信很短，每天都有好幾封，他說自己給瑪格麗特寄了好幾箱的信件，當然，他不期望瑪格麗特會回信給他。「沒有回信可等。我什麼都不等。但我在等待。我繼續按那個地址寫信。那條馬路我並不認識，那個套間我並不熟悉。我甚至不知道這些信她是不是都看了。我甚至連想都沒有想過。」

當然，不奢望不代表不期待，不放棄不代表不難過。

揚其實很期盼瑪格麗特能給予回信，哪怕是隻言片語也好，但她一句也沒有。因為她是驕傲的莒哈絲，沒必要放下身段去回覆一個毫不知曉的讀者來信，雖然她還是會看揚在信上說些什麼，畢竟在眾多讀者的來信中，揚的與眾不同在於他的持久，還有那奉她若神明的崇拜心理。

第六章　揚・安德莉亞・斯泰奈
80年夏

　　沒有情人的相伴，沒有愛情的滋潤，她像縮水乾癟的蘿蔔，臉上堆滿歲月饋贈的褶痕。在乏味生活的醃製下，她聆聽著這些渴求的心聲。除了酗酒和寫作，就剩下孤獨與她為伍；直到有一天，她在諾弗勒的家中病倒。雖然診斷醫生說她患的是憂鬱症，但準確來說，是酗酒導致的。

　　當浮華褪盡，寂寞成了竊賊，掏空了歡聲笑語，留下這空蕩蕩的淒冷。

　　她不是閒適在家捧書靜讀、獨坐品茗的女子，她害怕孤獨，瑪格麗特寧可透支生命，也不想感受這四周鴉雀無聲的清冷，因為這比死亡更為可怕。所以，她提起筆，絮絮叨叨地向揚傾訴這段時間病痛的折磨，因為酗酒讓瑪格麗特陸續在醫院住了好長時間，她也不知道自己為什麼喝成這樣。「我病了，現在好多了，都是酒鬧的，我好多了，我剛剛寫完了《奧蕾莉亞・斯坦納》的電影劇本，我想其中有一段是為你而寫的……」揚成了無聲的知己，去信的知音，她甚至為揚創作，為揚而寫。

　　瑪格麗特寄給了揚一本書，是她在子夜出版社推出的作品《坐在走廊上的男人》，但揚並沒有領悟到書中的內容，他很恐慌於這種殘缺的了解。這種無法表達又空缺回覆的狀態讓他很無奈。而瑪格麗特繼而又給他郵來了第二本，因為她以為揚並沒有收到書，而揚還是沒有答覆，繼續無聲的空白。就這樣，瑪格麗特源源不斷地給揚寄去新的作品。

　　直到瑪格麗特給他說，我病了。「我不認識你，我讀了你所有

的信。我都留著呢！我好多了。我停止了喝酒。我要做這麼一件事，拍電影，我將不那麼孤獨。」

她把自己最隱祕的私生活呈現在揚的面前。言外之意是其實我很孤獨，你的每一封信，你的問候，你的叮嚀，你的囑託，我都記掛在心。你是絕望重生中的靈藥，是寂寞難耐裡的暖爐，縱然飛鳥與魚難以相逢，但我們可以從虛空的天橋上走過，即便落差和險阻是如此明顯，但你不再陌生，你復甦在我的筆下，我不再孤獨，因為有你。

「也許我說我喜歡你，就像我幾乎喜歡我所有的電影一樣……」

就這樣，他們又開始了信件的往來。七月的一天，揚打電話到特魯維爾，他每週都在關注她寫在《解放報》上的專欄文章。他知道瑪格麗特在特魯維爾，揚請求去看她。

「為什麼？」

「為了相識。」揚說。

「不，我有工作，再說我不喜歡新朋友。」她是倨傲的，揚長時間沒有答覆，讓瑪格麗特既興奮，又變相地抗拒這份相識的機會。她不想那麼倉促地見面。

過了一會，揚又給她回撥了電話。結果只聽見電話裡沒有言語的嘟嘟聲。

她去義大利參加電影節。揚依然不死心地打電話給她，直到瑪格麗特回來的那天。

第六章　揚・安德莉亞・斯泰奈
80 年夏

「她開口了，說了很長的時間。我擔心沒有足夠的錢付電話費，我在康城的大郵局裡打電話。我不能對她說別講了。她忘了時間，說：『來特魯維爾吧。這裡離康城不遠。我們一起喝一杯。』」

《莒哈絲語錄》

特魯維爾就是我一生中的孤獨。這種孤獨至今仍始終在我身邊，旁人無法拿去。有時候，我關上門，切斷電話，閉上嘴，我什麼也不再需要。

永遠的情人莒哈絲（修訂版）

來特魯維爾吧

　　特魯維爾是座海濱城市，是法國卡爾瓦多斯省的一個市鎮，一般人習慣稱它為特魯維爾，按法文注解，它的意思是「洞穴之城」。
　　是否真有「洞穴」尚不可知，但瑪格麗特曾說，只要她一離開特魯維爾，就有陽光亡失之感，更描摹過一種恐慌之感：「什麼東西穿過了那裡，但我沒有看清，因為我們可以越過門檻而意識沒有清晰的反應，也許是門檻太黑。此後，我便陷入了最黑的地方。讓我叫出聲來的就是這些東西。」
　　或許這就是傳說中她一直找尋的「黑洞」，深不見底又賦予她「一生中黑暗的悲傷」，隱匿而強大地助推著她不斷地用文字創作，用文字探尋。
　　瑪格麗特很喜歡特魯維爾，曾說想死在這個地方，而黑岩公寓是她在寫《安德馬斯先生的下午》時新購置的房產。她很喜歡特魯維爾的大海，對於自稱「宇宙人」的瑪格麗特，更想貼近這看不見盡頭，深邃得讓她想一探究竟的未知地域。這裡時刻都湧動著她源源不斷的激情，起伏跳躍的靈感，還有她那叫囂騷動的慾望。
　　二十九號的那天，揚一個人坐車到了特魯維爾，他在電話亭裡撥了電話給她。結果瑪格麗特說：「如果你願意的話，我們兩個小

第六章　揚‧安德莉亞‧斯泰奈
來特魯維爾吧

時以後見面。我正在工作，難以脫身。」

那天下著雨，揚拿著傘，既緊張又無措地看著陌生的街道。川流不息的人群，這個笨拙的年輕人突兀地站在那裡，等待著瑪格麗特。冷風瑟瑟，雨夜的天幕被水墨之筆調成了黑色，他遵循諾言，在兩個小時之後，他又撥去了電話。

「還沒完，七點鐘左右再打電話給我。到浴場路去買一瓶紅酒。」

對一個素昧平生只是在書信間往來的朋友說這樣的話，對別人而言可能是唐突，對瑪格麗特來說是最平常不過的一件事情，她覺得客套是最無可救藥的造作。

他依言而行，買了酒去找她。瑪格麗特在黑岩公寓的臥室陽台上等他，她看見揚徐行漫步地走來。

他敲了門。瑪格麗特沒有應聲。

「是我，揚。」她還是沒有發出聲音，也沒有開門。

他再敲了敲說：「是我，揚。」

她終於開門了。

瑪格麗特仔細地觀察著揚：「您是那種布列塔尼人，高而瘦，我覺得您很優雅，非常謹慎，甚至您自己都不知道您很謹慎。」

她擁抱了他。他們像久而未見的朋友閒談而坐，一邊飲酒，一邊談著自己的新作和見聞，她很自然地給他介紹起了她的起居室，和她所熟悉的一切。這讓他很快地融入她的言談中。

夜漸深，揚問她是否知道附近的旅館。瑪格麗特說現在是旅遊

永遠的情人莒哈絲（修訂版）

旺季，一般沒有空房，我兒子的房間是空著的，你可以睡在那裡。

「我在這裡，和她在一起。我留下了。我不離開您了。我留下了。我和您關在這個懸著大海上面的套間裡。我睡在您兒子的房間裡，睡在第二張床上。您睡在院子那面的大房間裡。很快，我也跟您一起睡在那個黑乎乎的房間裡了。」

瑪格麗特說她喜歡看著大海，看著世界如浪花的碎片向她湧來，孩子歡騰的腳步，動物遺留的殘骸和行走的足跡，她和他在那個黑暗的房間裡，一起看著外面。

揚走進她的生活，沒有半分的突兀，他放下工作，離開曾經的住所。他留在特魯維爾，她像蠶食的病毒，瞬間席捲了他所存在的世界，他的生命裡，開始只能有她存在的地方。

瑪格麗特甚至更換了揚·勒梅這個名字，給他取了一個全新的名字叫揚·安德莉亞·斯泰奈。沒有歡喜亦沒有傷感，他用重塑的自己、全新的名字去融入她，接觸她，認識她。她的暴怒、謾罵、呵斥、毆打……都是他以後要面對的。他默默地為瑪格麗特充當了多重角色。

六十六歲的瑪格麗特和年僅二十七歲的揚正式開始了一場轟動的黃昏戀。

「八月流逝過去的那些酷熱的夜晚，牆角下那塊蔭涼，那些殘忍、穿得刺眼、挑起慾望的年輕姑娘，旅館，旅館的走廊，荒棄的房間，那裡曾經有人做愛，有人寫書。」

在那個漆黑悶熱的夏天，他們漸漸靠近彼此，顫抖的觸摸，笨

第六章　揚・安德莉亞・斯泰奈
來特魯維爾吧

拙的探索,他們翻越一道道熱浪撲襲、荊棘遍布的地域,他們根本不知道這在旁人的眼裡是多麼瘋狂的一件事情,但對瑪格麗特而言,這不足為懼。她根本無懼於外界的有色眼光,每一次新鮮的嘗試,都是她在人生軌跡裡的又一次復活,特立獨行的她再次以新事件震驚媒體,震撼世界。

白天,她口述,揚用三個不熟練的指腹為瑪格麗特打《解放報》的專欄文章。夜晚,在酒精的催動下,他從生澀痛苦的懵懂到怒吼愉悅的嘶喊。他們是日暮黃昏和晨陽漸起的交疊,黏合摟抱著這個黑暗又激情四溢的一角。

揚說瑪格麗特是自己心目中的天才,他坦訴自己也想擁有如此文筆能寫出自己的作品,瑪格麗特說,我什麼也幫不了你,但是你寫的信很優美,你可以繼續寫下去。她甚至誇獎揚用指頭打字的敏捷快速。

「我們寫著那個灰眼睛的孩子和年輕的輔導員,寫波蘭、莫札特之愛和這句老話:我早就愛上你了,永遠,永遠,我永遠也不會忘記您。」誰先愛上對方,誰就輸了,但是在瑪格麗特這裡,完全顛覆常規。

待了幾天,揚走了。

瑪格麗特看著空空的郵筒和無聲的電話。她焦灼地走來走去,他怎麼了,怎麼還不來聯繫我。她感覺自己漸漸不自由。她愛上這個年輕的小夥子了,每當夜深的來臨,這幽閉的房間,手錶裡傳來指標走動的聲響都能輕易地擊碎這裡脆薄的呼吸聲。想到那些濃重

永遠的情人莒哈絲（修訂版）

的慾望，她的大腦裡又催產了情慾的胺多酚，她又有動力去續寫那些愛情。

揚回來了。他們又一塊喝酒，說笑談天。他靜默地陪著她，瑪格麗特常把自己關在房間裡，他就在客廳等著她，他忍受著她陰晴不定的脾氣甚至是辱罵毆打，她也會用無辜的神情看著揚說：「為什麼我會這麼惡毒？」

揚也不知道自己為什麼能忍受。雖然他常常會消失，甚至一走就是好幾天。但他依舊還是會回來。他們是獅子和羊的組合，她隨時都想吞噬揚，占有揚。即便恐懼於她的威懾，他還是溫順地服從著她的一切指令，可是瑪格麗特不甘心於此，她嫉妒同性戀的揚還有情人，嫉妒自己筆下杜撰的人物，嫉妒這些無法張揚的激情和那令人作嘔的詞彙。她說這些令人噁心的詞彙衝撞在她大腦中，她一時間無法控制那些如潮湧來的難堪。她莫名地覺得在這個世界上或許只有她能忍受這等齷齪。在瑪格麗特眼裡，揚已經成為齷齪不堪的代名詞。她想哭，比認識揚之前還想大哭一場，原以為只是輿論和年齡的談資，結果卻是一道鴻溝難越的阻隔，她要面對的不僅僅是一點點的距離，甚至更多。

當事情無關於自身，就會覺得一切不融合是如此尷尬又違背倫常，可一旦合於自身，所有的厭棄和謾罵都會破口而出，像是撕裂的一角。疼，只有自己知道，會覺得全世界都背棄自己一般。每個人都有一個黑洞，看似深不可測，但到一定程度，往往爆發力驚人。

瑪格麗特的身邊也有很多同性戀朋友，她覺得他們身上迸發著

第六章　揚‧安德莉亞‧斯泰奈
來特魯維爾吧

一種潛在的力量,這種拒絕性規則又忠於同性伴侶的做法讓她覺得震懾。這是不賦予任何責任的相愛,那種挑釁的征服感啃噬著她的每一寸慾望,她想探究他們之間所謂的性問題。她一度覺得揚愛的不是自己,揚愛慕的、忠於的都應該是他的同性情人。

她覺得世上所有的男人都有可能是同性戀者,只是他們還未知曉,因為還沒有遇到讓他們一見傾心的對象,或者說是遇碘變紅般激發的顯性人群。她嫉妒得快要發瘋,就像「他進入她,享受歡娛。他不是在和她做愛。他做的只是一件事情,對愛情的戲謔模仿。」她沒有用同性戀去攻擊揚,她在愛情面前束手無策,雖對這些拒絕繁衍生息的男人表示過敵意,但她覺得愛情跟性別、種族、膚色無關。「假如人未曾被迫決絕服從肉體的慾望,也就是說假如人沒有經歷過激情,他在生活中將一事無成。」瑪格麗特無法拒絕肉體的交歡,如果沒有,這對她而言等於扼殺歡愉,謀殺生活。

夜裡,他深眠在她身上,瑪格麗特看著揚鮮嫩的皮膚,他光滑的裸肩上寫滿了青春的鮮活。在她眼裡,揚像孩子,但又跟自己的孩子不同。當她被慾望和激情沖昏了大腦,她就想緊緊抓牢他。但愛不是枷鎖,可以輕易關著一個人,也許可以輕易捆綁住手腳,但捆縛不了精神的遊走,鎖著的心仍在流浪。如果所有的愛不曾回來,再辛勞也是無功,她努力地寫著一切,她想獻給他,她希望他能留下了,留下他的青春,他的愛情,他的身心,他所有的一切。

之後,她為他寫了一部以他名字命名的作品《揚‧安德莉亞‧斯泰奈》,她用最簡潔的筆觸去感動這個曾經默默品讀了她所有作

永遠的情人莒哈絲（修訂版）

品的男孩，這是為他量身定做的愛情，她用專屬的一本書讓全世界都注視到這個年輕羞澀的揚，告訴世人，他在她的眼裡是多麼與眾不同。

之後，瑪格麗特寫了一部禁忌作品，是關於兄妹亂倫的故事。這部劇對她影響很大，她表現得很激進，因為她諷刺了那些反對亂倫的觀眾，她覺得那些人根本不了解，是無權對這種禁忌之戀表達個人的片面看法的。他們不知道她有多想念小哥哥，正因為小哥哥不再回來，所以她說，「如果沒有我和小哥哥之間的故事，我永遠也不會寫《阿伽達》。沒有對死去的小哥哥的這份深厚的愛情，我就不會寫這本書。」她想保護這個小哥哥，她不管輿論對自己如何的譏諷，但攻擊小哥哥不行，在她心裡，小哥哥是純粹的、可愛的、英俊的。

瑪格麗特雖然是為了打發時間才決定拍這部作品，但她一點也不馬虎。她讓揚去詮釋劇本裡的哥哥，她要求揚去領悟劇中哥哥與妹妹間那種虐戀情深又無法在一起的衝動，要把精疲力竭的無望和那種讓人窒息又無法契合的命運表達得淋漓盡致，甚至要求他把詛咒似的孤獨直逼於人心。她指揮著揚，要他把自己當鏡頭一樣看著，不容許他看別處，只能專注盯著她一個人。她要控制揚，操縱揚，她要他全身心地進入她的故事，她的世界。

1981年四月，《阿伽達》拍攝結束後，瑪格麗特和揚就去了蒙特利爾，開始了她一系列的講座。她在那裡窺視自己的童年往事。她越加迷戀自己，誇獎自己，視自己是個天才，包括自己筆下

第六章　揚‧安德莉亞‧斯泰奈
來特魯維爾吧

的作品，都是天才的所出。她不覺得這是一種誇誇其談，瑪格麗特甚至認為這是一種謙虛的表達形式，她不懼人們說她狂妄，她很享受那種眾人傾聽的幸福感。

她的霸道有種獨裁的控制欲，在《阿伽達》上映的時候，她特地寫文章建議觀眾別去看，說這個電影不是拍攝給你們的。你們無法領悟其中無法介入的感情，你們不能理解，別去了。的確，這是她閒得發慌的作品，上面的配音、人物、情態、肢體都是揚的，故事也有她自身的投射，她不想把這些內容都曝光給那些不明所以的觀眾。這是她的，都是她的，如果可以更自私點，她想把他們都裹得嚴嚴實實。

「讓我們仍然在一起。這個房間是屬於你的。我不能忍受我們的分離。我覺得這會是個錯誤。即使沒有慾望，我們的分離也是一種不幸。」她害怕夜晚沒有酒的醉飲，恐懼沒有揚在身邊。

「她把我關在那個漆黑的房間裡。不能忍受別人看到我。她想成為我最愛的人。唯一的至愛。沒有人能取代。我也同樣，成為她最愛的人。」

揚開始懷念從前的自由灑脫，不想像苑囿下的囚鳥，只為觀賞餵養，他要自由。

為了挽留揚，瑪格麗特寫了《大西洋人》，她把絕望的愛注入於此，不管全世界是否與她為敵，不管揚愛的是那個情人還是自己，她要拴住他，牢牢地緊握著。自由，你想做什麼就去做什麼。但唯獨不要讓自己感到孤獨，感到深夜都能謀殺一個人。

永遠的情人莒哈絲（修訂版）

在瑪格麗特的感觀上，她一直覺得水流有一種神祕的黑色力量，能瞬間吞噬一切。而在那小小的幕布上，她不再怕黑，因為那上面有揚晃動的影子，沉沉的嗓音，揚又演活了《大西洋人》。瑪格麗特別無他法，慾望對他而言，只是生活的附加品，揚並不是無欲不歡的人，如果不是自己筆下的字字箴言，他們遇見也會形同陌路。她也曾對揚說，如果我不是莒哈絲，你絕不會看我一眼。揚並沒有回答她什麼，畢竟，他們相遇就是因為她的書，她的文字。

瑪格麗特更較真地說：「你愛的人不是我，而是莒哈絲，愛的是我寫的東西。」她嫉妒這份不專屬的愛情，他愛的或許根本不是自己，而是自己杜撰出來的莒哈絲。她很生氣，甚至拿出紙筆讓揚寫下「我不愛瑪格麗特」。她想要死心，只有絕望才能壓制自己這份恐慌的痴愛。揚沒動筆，也沒有說什麼，他的無聲，襯托著瑪格麗特的抓狂，她質問他：「要是我一本書都沒有寫過，你還會愛我嗎？」揚持續著沉默，他知道自己回答什麼，最後都是歇斯底里的再次盤問。他自己也不好違心地回答說：「即便不認識，我也愛著行將就木的你。」這樣的謊他說不出。

沉默有的時候很可怕，哪怕這並不是心虛的證明，也會令人氣急敗壞，口不擇言。如果說瑪格麗特的文字功底好，那她的傷人口氣一點不比她的作品差。她愈發覺得揚是奔著自己的錢來的，才會容忍自己對他的一切不公，換作別人早都走了。是的，他就是這樣才來結識自己的。她在大腦裡，給自己重新結論了一番，認定揚就是貪慕虛榮、徹頭徹尾的大騙子。

第六章　揚‧安德莉亞‧斯泰奈
來特魯維爾吧

「我不認識你，我不知道你是誰，不知道你跟我在這裡做什麼。也許是為了錢。我先告訴你，你什麼都得不到，我什麼都不會給你。我了解那些騙子。別想騙我。」這個年近七十的女人，變得咄咄逼人，她想驅趕揚，不僅僅是呵斥，甚至拿起他的東西往箱子裡亂塞一通，再把箱子從臥室的窗戶丟了下去。她忍受不了背叛，她讓揚立刻滾出她的家，叫他回康城去。

無辜的揚遭遇了不知道多少次這樣的戰爭，他總是丟盔棄甲地敗走，孤零零地拿著手提箱，踽踽獨行在路上，一個人從夜深人靜走到蟹殼青漸露的清晨。他走到車站，他並沒有上車，只是在火車站附近的旅館暫且休息一下。

這隻溫馴的小羊，對那個雌性叫囂的母獅報以原諒的態度，總是以德報怨，彷彿佛祖座下的金童，善待她只是他職責的一部分。如蓮子心，苦中帶甘。

揚會傷心，但是他不想丟下瑪格麗特，他對她的愛，不似熱辣的酷夏，也不似深冬的白雪皚皚。他的愛，如初秋般，雖霜葉浸染，但暖如初陽。不知深秋，不曉碩果。

《莒哈絲語錄》

那是一種等待死亡而又不造成死亡的愛情。假如透過慾望體驗過死亡，這種愛情將永遠變得更為強烈。

更愛你備受摧殘的容顏

很多人認識莒哈絲都是因為《情人》中的那句：「我認識你，

永遠的情人莒哈絲（修訂版）

永遠記得你。那時候，你還很年輕，人人都說你美。現在，我是特地來告訴你，對我來說，我覺得現在的你，比年輕時候的你更美。與你那時的面容相比，我更愛你現在備受摧殘的容顏。」

很多人並不知道，我更愛你備受摧殘的容顏，原話就是出自揚，他用世間最溫情的言語告訴眾人，他愛她，不是因為她美，而是飽經滄桑的容顏下愈加真實的內在。他從未想過離開瑪格麗特。就像瑪格麗特希望出走的揚會像當初一樣突然地闖入，敲開她的門扉，告訴自己，我是揚，我是你的揚。

消化完悲傷，揚又會默默地提著行李箱回到她的公寓，繼續纏綿、受折磨……

瑪格麗特之後常常會宣示自己的領地，告訴他：這裡的一切都是她自己的，他一個子兒也拿不到，他就像頭號吃軟飯的廢物，他只能依靠她，因為他是寄居在她的地盤裡，他無權發表抗議。

揚每次遭受責罵的時候，總感覺有千萬的蟲蟻嘖咬著自己懦弱的心臟，他悲傷而絕望。他從敲開那扇門起，就已經走向了不歸路，逃得出那扇門，卻逃不出那顆心，那顆她永遠都不明白的心。這不是人間，這是地獄，他在試煉自己的忍術，即便痛不欲生，他還是克制著自己。他早已沒有防線，甚至是所謂的羞恥心，全世界都知道自己和瑪格麗特在一起，他既享受她的榮光，又擔心著她可能會遭遇的荼毒，他總會設身處地為她著想，想著想著，苦痛也就算不得什麼了，因為她經歷過的，比自己多得多。

當愛情遭遇落差，總要有一個人放低姿態，去承接那顆高傲

第六章　揚・安德莉亞・斯泰奈
來特魯維爾吧

的頭顱，雖然無法齊頭並進，但是他們是相互合作的。這個世界沒有完美，所謂的完美其實也是一個殘缺，正如你永遠不知道愛是什麼。

「除了我，世界上空無一人。事實上，你是我最喜歡的人，我也是你最喜歡的人，勝於世上的任何東西。我們在那裡共同生活，是的，永遠在一起。但是我們也知道，時間流逝。時間已經流逝。我們還剩下一些時間，必須寫些什麼。我們不知道說什麼。勇往直前。愛。愛得更熱烈。愛誰？愛你，愛我。是的，愛得更熱烈。」

瑪格麗特喜歡開車去兜風，這是她的癖好之一，她讓揚去學車，但每次開車去哪兒兜風的決定權都在瑪格麗特的手上。她從來沒有問過揚要去哪裡，她像個發號施令的長官，擁有決定權，揚只有服從，沒有否定和問的權利。她讓揚載她去看海，沿著蜿蜒曲折的公路，去尋找迷離的刺激。她喜歡那種荒蕪的陌生，一種靠近又疏離的味道，不需要一一拜訪，也不用去各自道別，只需悄悄地路過。

揚是個很敏感羞澀的男孩，相對於瑪格麗特的年紀和閱歷來說，他像個孩子。他覺得自己很低微，是招之即來、揮之即去的玩物。在沒人的時候，他們依然如同正常的情侶，談笑風生，促膝而談，喝酒做愛，一樣都不缺。但瑪格麗特刻意地在人前疏遠他，讓他很傷心。瑪格麗特是個操縱生殺大權的人，輕而易舉就能把他逼至懸崖一邊，他沒有任何主動權，除了認同，不容拒絕。

揚沒有忤逆過瑪格麗特的任何想法，她愛吃什麼，他就長期地做什麼給她，她想去哪裡度假散步，他一定會滿足她的所求，無怨

永遠的情人苢哈絲（修訂版）

無悔地包容她。即便她數落他、質疑他、嫌棄他，他都沒有反抗。她曾經自戀又奚落地對揚說：「告訴我，你能去哪裡？你跟一個著名的、十分聰明的女人生活在一起，你什麼都不用做，吃住免費。全世界的人都想取代你呢！」

這樣超然的古怪優越感是少見的，垂垂老矣的面龐，日漸凋零的配件，還有什麼好趾高氣揚的？她有才華，就可以一邊扣上動機不純的帽子給揚，一邊自我炫耀地覺得世上的男人都愛她？她覺得作為情人，這樣無事可做又可以免費吃住的工作，不是人人都有的。

細想來，這個任由女人指責謾罵還能默默忍受的男人，除了愛，還有什麼呢？把一個男人的自尊輕易踐踏，不僅僅是讓他丟面子，更是扼殺他生存的自信。一會兒需要，一會兒丟棄，反覆無常又氣焰囂張，能與之相處，除了愛，找不到更好的詞去詮釋這份容忍的堅守，因為很多人都做不到，包括那些曾經愛過她的男人。

曾經她央求迪奧尼斯說愛她，可迪奧尼斯拒絕了。

可是，一樣的方式，她問揚：「如果我們現在相愛，如果你愛我，那就再跟我說一遍。你愛我嗎？回答我。」

揚很真誠地說：「我愛您勝過愛世上的一切。」

漂亮話人人都會說，但做到的能有幾人？大浪淘沙，浮華掠盡，唯有時間，如明鏡高懸，看透人心。比起天花亂墜的讚美，一顆執著相守的心才是難能可貴的。揚具備這份可貴，因為他始終如一地愛著瑪格麗特。

第六章　揚・安德莉亞・斯泰奈
來特魯維爾吧

　　長期在創作中掙扎的瑪格麗特，也承認自己在寫作時還算個人，在生活中根本算不上。她離不開酒精，酒能麻痺她抖動的手，是刺激她大腦中詞彙跳躍的助推器。她每天飲用葡萄酒的量約五升。揚覺得瑪格麗特是在慢性自殺，他很替她的身體狀況擔憂，只能拜託她的好友米榭勒·芒梭給她尋找私人醫生，因為她抗拒醫院。自身的抵觸情緒，讓瑪格麗特的健康情況越來越糟糕。

　　米榭勒·芒梭讓當醫生的朋友讓─達尼埃爾·萊奧爾幫忙看看，幸好這個醫生是猶太人，聰明而且幽默，很討瑪格麗特的歡心。他也建議瑪格麗特戒酒，因為此時的她，手已經抖個不停，腿腳浮腫到不能走路，基本的漱洗清理都不能自理。讓─達尼埃爾·萊奧爾認為腦動脈硬化、肝破裂、栓塞都能輕易摧毀她，面對如此讓人無能為力的身軀，她自己也感到很挫敗。她像個客人，看著時間如竊賊般一點一點地掠奪，每一天都不知道自己什麼時候就會離開，僥倖地多存在一秒，她都想揮霍殆盡。

　　瑪格麗特是專制的，她不容許揚去見任何人，包括揚的母親、姐妹，無論是他偷偷出去還是接電話，說了什麼，做了什麼，她都要細加盤問。她還不容許揚和自己兒子單獨見面，她覺得揚會勾引兒子，也怕兒子愛上揚。所以，這個房子只有他們兩個，她拒絕著別人的打擾。她和他說著情話，談著死亡，過著最單一的時光。

　　情感，常常在華麗的裝飾中突顯著虛偽的奢華，而真正的生活必趨於漸漸的平淡。

永遠的情人莒哈絲（修訂版）

《莒哈絲語錄》

　　我們將懷著滿腔誠意，問心無愧地哀悼那將消逝的太陽。我們將沒有別的事情要做，唯有哀悼那消逝的太陽。時光將流逝。唯有時光流逝而去。然而，時光也會到來。

　　時光將到來。到那時，我們將一點兒也說不出究竟是什麼使我們倆結合。那個字眼將漸漸從我們的記憶中消失。

第六章　揚‧安德莉亞‧斯泰奈
永遠的情人

永遠的情人

「你說：『好好替我搓背。』『我用勺子把剩下的湯給你。』『我想睡在你身邊，聽你說話，聽誰也聽不到的東西，你說的這些話……你絕對是我最喜歡的人。』」揚每星期幫瑪格麗特洗一次澡，瑪格麗特即便腿腳不方便，但毒舌依然沒變，看著揚抱著自己快到浴缸的時候，瑪格麗特會突然冒出一句：「你是不是想把我殺死？你就是這樣殺老婦人的。」

她不容揚的解釋，一次次決絕地說著傷他的話，但是揚還是輕拭著她皮鬆皺黃的背……她沒辦法正視自己，她就罵著揚：「殺人犯，我早知道我會被你殺死。」似乎摸清了她罵人的方式，揚沒有跟她計較，靜默不語地幫她洗著。

瑪格麗特越來越無力，連看海都成奢望，邁不出一步，進食也很少。只有謾罵和寫作的熱情繼續與她為伍，只有酒能緩解她的痛楚。瑪格麗特的酒量一度躍到八升。她甚至對揚說：「我已經到了該死的年齡，為什麼還要延長生命呢？」她並不期冀生命的延長，她很明白生老病死的規則。

沒有駕駛證的揚開車帶著瑪格麗特回到了諾弗勒。傷心痛苦的瑪格麗特妥協了，決定叫計程車送她去醫院。不知道醫生說了什

永遠的情人莒哈絲（修訂版）

麼，瑪格麗特進去沒多久就拚命地想出院，藉口百出，一下說醫院飯菜不好吃，一下又說護士都太笨拙。最後還是病痛的折磨令她屈服了，她又願意待在病房裡。醫生下了通牒，絕不能再喝酒，因為她的水腫和肝損壞已經十分危重。

瑪格麗特開始進入半昏睡狀態，時睡時醒，大腦也非常遲鈍。

「瑪格麗特摔倒在地，打碎了她從不離手的玉手鐲，這手鐲，她入院時，人們甚至無法把它從她手上取下來。那是她十五歲時，她母親給她的，母親對她說，假如手鐲被打碎了，必須把它埋掉，否則戴它的人會死。」揚徵得同意後，將四分五裂的碎手鐲小心翼翼地埋下，他沒有過多聯想她母親的話，但這碎裂的玉鐲讓他心有觸動，總有一天，他也要見證一樣的死亡，一樣的埋葬。他越想越哭，他現在能做的，就是更傾心地照顧她，記錄著她所剩的每分每秒。

「兩天兩夜，你大小便失禁。你說：『得買乾淨的床單。』」

「我洗了兩件長睡衣，晾在浴缸上方。」

「人家給了你一件醫院裡穿的衫衣，那是一件背部開口的白色緊身衣。你說：『很漂亮，是上等棉製的。』」

揚記錄著點點滴滴，一絲一毫都不想錯過。雖然她的狂躁和疑心病不斷，但是他不懼，他害怕的是錯過，因為錯過了，就不再相見。

她積極配合治療，病情沒有再惡化，而且漸漸有了好轉。她又能走了，她開始嘮叨。有天，她說：「我醒來時，很想好好生活。」

第六章　揚・安德莉亞・斯泰奈
永遠的情人

只有走過鬼門關的人，才能感知命數的起伏不定，雖然無法抗拒生老病死，但瑪格麗特此刻想好好活著，因為她對這個鮮活的世界有了留戀。

之後，醫生建議她出院，她又回到諾弗勒。回家第二天，她特地剪了頭髮，還講述那些幻覺中的動物和那穿透夢魘的魔鬼給身邊的人聽，大家雖然對這些虛幻很好奇，但揚沒有，比起讓人入迷的故事，他更擔心她的狀況。

有一天，瑪格麗特踏著高跟鞋，穿著睡衣，拿著傘，對著迎面走來的揚說，她要殺死房間裡的貓、獅子和河馬。揚不忍心打破她的幻想，他陪著瑪格麗特遊走在房間裡。她拿著雨傘四處敲擊牆壁，「捕殺」這些虛幻的怪物，他也會被這樣的舉動驚駭。「我不知道你是否真的相信，不知道你是否在玩遊戲，我知道你在講述的愉悅裡也摻雜著恐懼，我知道恐懼和傳奇混在一起，我知道在你的腦子裡，所有的東西都邏輯地混在一起，我知道你是唯一洞悉這一切的。」

那些令人難以忘懷的美好景緻，可能也只是海市蜃樓的虛空一角。迎面吹拂的海風，愛如潮湧的暖意，包裹著這個日漸油盡燈枯的女人，她在現實與虛幻中游走，她不迷失，因為路的盡頭，依然有他默默地為她靜待守候。他牽著瑪格麗特，徜徉在塞納河岸的路上，扶著她去參觀了巴爾扎克的故居。

揚心情漸好，因為他眼見著瑪格麗特日漸康復，她開始不需要依賴藥物，開始提筆寫作，甚至想把最近修改的《死亡的疾病》搬

永遠的情人莒哈絲（修訂版）

上銀幕，她又恢復了以往的熱情，包括日漸消逝的慾望。她帶著揚全情投入在她的新戲劇作品《薩凡納海灣》中，在感動與被感動中，她在締造莒哈絲的神話王國。她靠著那股熱情，投入鑄煉的熔爐，她要脫胎換骨。她珍惜生命，覺得明天將不復存在，亦同沒有未來。她對揚說，我不再是我。她靠著那些強大的力量得以存在。

人只有在病中才能感受到孱弱，一旦漸好，噁心又會死灰復燃。瑪格麗特決定在肉體死亡的前夕，完成幾部作品，這樣才是徹底謀殺自己。她從一丁點兒的摻酒巧克力到一小杯香檳，再到幾杯葡萄酒，死灰復燃的不僅僅有寫作的激情，還有她的酒癮，她認為喝酒就是為了寫作。那些勸誡的話語漸漸乾涸，沒有充沛的靈感之源，縮水的辭藻都落荒而逃。她承受不了無從下手的茫然失措，她害怕素材會棄她而去。她抗拒荒蕪，她妥協於寫作的慾望，她又開始沉浸在酒癮中，無法自拔。但是她無與倫比地慶幸，因為她漸漸挽回了那些失而復得的記憶殘片，比起生不如死，她更期望是在寫作的謀殺中暢快而亡。

《情人莒哈絲》裡，揚說：「我們寫到了那個年輕的女孩，戴著男帽，腳上穿著妓女常穿的那種嵌著箔片閃閃發光的鞋子。那就是您。您倚著舷牆，再過幾秒鐘他就要遞煙給您了。而您呢，您說：『不，我不抽煙。』您看見了中國人手指上的戒指，戒指上的鑽石，金錢、愛情和將來的故事。」

1984年六月，瑪格麗特把《情人》的手稿交給了子夜出版社出版。這部歷時三個月完成的作品引起的轟動是她始料未及的。這

第六章　揚・安德莉亞・斯泰奈
永遠的情人

本書起初並不叫《情人》，而是叫《貝蒂・費爾南德茲的故事》，而這個作品算是揚和瑪格麗特共同所作，因為是瑪格麗特口述，揚幫她記錄。1984 年 9 月 4 日，《情人》出版後一度銷售一空，高居暢銷榜的榜首，由於一人多買的狀況頻發，有的書店甚至採取限購的措施。新聞界褒貶不一的評論強勢來襲，更是把《情人》推向了另一巔峰。世界各地的出版方都搶著要購買這本書的翻譯版權，《新聞週刊》第一次用了整整一大版面，大篇幅地報導了莒哈絲的作品，甚至 1990 年這部《情人》還搬上了銀幕，掀起了莒哈絲風潮。

這部作品的成功還遠不止這一點，曾經把她作品《抵擋太平洋的堤壩》拒絕門外的龔固爾獎，突然拋來了橄欖枝，大家都覺得瑪格麗特實至名歸，可瑪格麗特並沒有多麼喜悅，相反她覺得有些諷刺，但她也沒有拒絕領獎。

1984 年 12 月 12 日，她的作品《情人》榮獲龔固爾獎。面對獲獎，她略顯平淡，沒有慶功宴，沒有美酒佳餚，只是跟揚和朋友吃著熟肉醬餅就算慶功了。

《情人》是寫給揚的，但瑪格麗特並不喜歡別人用自傳來定位她的作品，甚至一度想澄清這部作品只是個杜撰虛構。從獲獎後，她就不再承認這部作品是自己的，但很多讀者還是從這部作品認識了莒哈絲，愛上了這麼與眾不同的瑪格麗特。

相處的五年裡，他們有痛苦，有歡愉，有慾望，有嫉妒，甚至更多。她寫信給揚：「我要你寫你不愛我了，在信末署上你的名字，這是筆錄。您寫上：我不愛您。您寫上日期，然後簽上名。在信末，

永遠的情人莒哈絲（修訂版）

您補充一句：我不能愛一個女人。」揚沒有寫上名字。草草幾筆，雖然很容易寫下，但在心裡，就像利器，疼痛穿肉而過。

瑪格麗特去世前，揚對她的朋友說：「年齡的差異之所以使我為難，只因她將比我先死。我無法想像她會死，我仿佛覺得已跟她生活了好幾個世紀，我無法想像末日。我和她一起，以永恆的方式生活。我喜歡想她。她太可愛了，我會產生擁抱她的念頭。她呼喚暴力，逼我發火。他甚至想到瑪格麗特笑著對他說：『是的，我是惡魔。』」

經過時間的磨合，他們漸漸適應了對方，彼此都習以為常。雖然酒精會催促她的死亡，但揚覺得酒精也是可愛的，它能讓他們不會在乎愛的遠近，他們彼此相惜。

《藍眼睛黑頭髮》裡寫滿了許多愛而不能的片段，不知道是什麼刺激了他，那陣子瘋狂叫囂的不是瑪格麗特，而是揚。他幫瑪格麗特打字的時候不叫，一旦休息下來，他抓狂地叫著，他叫瑪格麗特不要寫，瑪格麗特也怕刺激到揚，但揚最後還是會默默地把雜亂無章的斷句拼接而成，直至出書。

瑪格麗特是個很率性的人，她很坦蕩，會直白地告訴別人，我就是很難相處，連自己的兒子都說我惡毒，那又怎麼樣。她覺得世間的男人都會喜歡她，因為她是個出名的作家。她曾經揚言說，如果我不是一個作家，會是個妓女。這種大膽不加掩飾的話，不是一般女子說得出來的。也正因為她的與眾不同、果敢熱辣，才會讓人一見傾心。

第六章　揚‧安德莉亞‧斯泰奈
永遠的情人

　　揚是浪漫的，同樣也是悲劇的。他經歷著「君生我未生，我生君已老」的過程，人生最難過的不是遇不到愛的人，而是遇到了，她卻兩鬢斑白，不久於人世。她也知道自己氣數已盡，肺氣腫的病症愈加嚴重，呼吸急促和缺氧的現象頻頻發生。她想活著，拚命地與死神抗爭。她決定，不到死的那一天，絕不停下她的筆。

　　她在一個本子上寫道：

　　「未來

　　男人，知識份子，生活的貧瘠

　　只有速凍食品

　　不再有房子

　　不再有咖啡

　　不再有管家，空間

　　女人　男人的未來」

　　即便死亡臨近，她的聯想力依然沒有枯竭。男人是她一生的源泉，她無法生存於沒有男人的世界。

　　她再次陷入長久的昏迷，大家都以為她不行了，醫生也建議摘除呼吸器，她的兒子烏塔不同意。他知道他的母親很頑強，那個陪著他瘋、陪著他笑的母親不會這麼輕易離他而去。他喝了很多酒，他在等待母親的醒來。他無所適從地遊蕩在街上，他害怕自己孤身一人，除了等待，別無選擇。第二天，他們搖醒了宿醉的烏塔，告訴他，您的母親又活過來了。

　　每一次活過來，瑪格麗特都覺得自己是新生。她不會停歇腳步，

永遠的情人莒哈絲（修訂版）

　　她只會加快那些未完的使命，她要把那些還未搬上銀幕的戲劇作品盡快搬上去。她也會在夜間讓揚帶著她那一息尚存的軀體遊蕩在郊外。他們開著車，沒有目的的前行。

　　她的前夫羅貝爾去世，她沒去參加葬禮。瑪格麗特是哀傷的，但她無從表達。她從未看過小哥哥的墓地，她沒有祭拜過她父親的墳塋。她說：「不管是什麼樣的死亡都是死亡⋯⋯任何人的死亡都是完全的死亡。」

　　死亡就是這樣，來時悄無聲息，走時天地慟哭，「嗟餘隻影繫人間，如何同生不同死」，也不過如此。揚不敢想像迫近的死亡，他恐懼最後一天、最後一餐、最後一夜，他不敢想像。

　　瑪格麗特是揚生命中的太陽，時而熾熱，時而暖煦。揚的靜謐、深沉，揚的仰望、膜拜、信仰，他的一切一切都是她的專屬。所以，當太陽不再發光發熱，他也將不復存在。

　　在最後的日子裡，她並不孤獨，她有揚，有迪奧尼斯，有她的兒子烏塔，還有兩個看護。烏塔是個敏感的孩子，雖然他並不缺愛，但他從未在一個完整的家庭中長期生活過，他渴求過那種幸福，但沒說。

　　她很縱容烏塔。在飯桌上，他們常常爭執得面紅耳赤。在特魯維爾時，她嫌烏塔妨礙了她寫作，烏塔卻說：「是你擠在這兒。你走開就是了，因為你不洗澡。」相對於其他的家庭，如果孩子頂撞，母親一般會很生氣，可瑪格麗特是另類的，她居然很開心自己的兒子會頂撞她。她對身邊的人說：「烏塔真像我。我沒養好兒子，我

第六章　揚・安德莉亞・斯泰奈
永遠的情人

太慣他了,我太怕失去他了。從孩子出娘胎那一刻起,母親就永遠有了孩子。從淺薄、世俗的角度看,可以說生活從此就被搞糟了,但,這太好了……」

她從來不寫烏塔,不是不寫,是不敢寫,因為這是她一生唯一忌諱的話題。他是她最成功的作品,不容一絲一毫的傷害。

在母親彌留之際,烏塔完成了自己和母親的心願,他將父親迪奧尼斯接到了諾弗勒,拍了照片。他們倆都垂垂老矣不復當年。迪奧尼斯看著這個曾經愛過的女人正在日漸落幕,不再喋喋不休,更不再央求他說愛她。他很後悔自己沒有常來看她。

瑪格麗特其實比任何人都在乎擁有和失去,因為失去了,就回不來了。即便再回來,時光卻已經被竊走。

有人說,瑪格麗特在 1996 年三月將要歿去的那刻,曾嚷嚷地叫著:「我的母親,我的母親!」瑪格麗特在死前叫嚷母親的原因應該不是怨恨,而是愛的渴求。或許她在死前依稀看見其樂融融的餐桌上,一家人圍坐一團,談著她的作品,母親在讚揚她,小哥哥寵溺地愛撫著她的髮絲,一切都是那麼美好,美好得不容打破。

她就這麼走了。

瑪格麗特歿了的那天,揚特地請了迪奧尼斯來給她合眼,她終於合上了她的人生劇本,終於能如願地死在愛人們的身邊,不留遺憾。揚是幸福的,因為在死前,瑪格麗特還記掛著他,他是她人生盡頭裡最無法割捨的愛情。

她說:「揚,我還在。我得走了。我不知道把自己放在哪裡。」

永遠的情人莒哈絲（修訂版）

　　瑪格麗特留給揚的最後一句話是：「我愛您。再見。」
　　「我站在您面前，等待著。您再也不說話了，眼睛不再看東西。我看著您的臉，不敢碰它。我不想碰到您冰冷的皮膚，我不能夠。這是唯一的一次。我不能碰您⋯⋯我看著您。我看著面前這張閉著眼睛的臉。她沒有睡，然而，她死了，的確死了⋯⋯」
　　再也不見了，她緊閉著嘴唇，合上了靈動的雙眸，臉上妝容淺淡，像是安穩地睡著了，她不再發聲。她穿著揚帶來的墨綠色大衣，揚靜靜地望著她，看似很近很近的距離，卻到了很遠很遠的世界。若人世間還能輪迴一圈，那該多好。他願是她筆下的杜撰，只願存在她的字裡行間，把一切榮辱和過往雲煙都漸漸隱去。他不願說再見。
　　因為他愛她，勝過愛世上的任何人。
　　1996年3月3日，那個筆名以莒哈絲揚名的瑪格麗特・多納迪厄在聖伯努瓦街去世，享年八十二歲。
　　3月7日，她的哀悼儀式在聖日爾曼教堂舉行。她的書迷，她愛的人，都紛紛趕來送她一程。葬禮的司儀對揚說：「先生，您可以在棺材裡面放一件東西。這是習俗。您可以在他們完全把蓋子封死之前放進去。」揚原想把《情人》這本書放進去與她同眠，但他什麼也沒做，那本小書放在大衣的口袋裡，像她的叮嚀，她的存在，陪伴著沒有她的歲月。
　　她埋葬在蒙帕納斯公墓中，她的墓前刻著「M・D 瑪格麗特・莒哈絲 1914—1996」。

第六章　揚・安德莉亞・斯泰奈
永遠的情人

「1998 年 11 月 16 日，我回到了蒙帕納斯公墓。我可以重新去那兒，看那塊白色的墓石了。我可以重新讀那個名、那個姓和那個日期了。我發覺那塊白色的墓石舊了，顏色髒了，經歷了不少風吹雨淋日晒。有人來獻過花，都爛在那裡了。墓石已經變舊，您在這兒，被封在那兒已經很久很久了。人們只能看見您的名字，您的身體正在消失，完全腐爛了。沒有任何東西可看了。只有名字，其他什麼都沒有。」

沒有瑪格麗特的日子，揚成了行屍走肉，他拒絕見任何人，只願躲在那幢空蕩的住宅裡，置身滿是回憶的空茫中，錯愕於虛幻的影子。一回首，驚覺枉然，只嘆是天涯相思。他酗酒、啼哭、哀嚎、自殺……甚至浪跡。醉醒多少回，才能拒絕這無情的日月交疊。回眸了五百年的緣分，卻在這殘餘的時光裡耗盡著歲月的燈火。

三年後，他寫了一本《情人莒哈絲》，紀念他們的感情。這個男人用深情的眉筆為她上妝，用思念的脂粉為她潤色，他擔憂她一個人在那裡太孤單了，怕她就這麼默默灰燼。她在那座小小的墳塋裡，與風雨為伴，與燕兒呢喃。那裡不用面對世事的紛擾，寂靜地能聽見筆墨的流淌。他帶著她的影子漫步於人世間，年年依舊。那些無法奔逃的思念，細密地跳躍到字裡行間，那些被借走的靈魂，如同銳利的刀刃，切割著豐沛的情懷，瘦骨嶙峋的皮肉都記掛著那份難捨的酸楚。

你說過：「就是死了，我也還能寫作。」所以，你活著，你活在千千萬萬的人的心裡吧。你走得很安詳，你用亡魂雕琢著那些還

永遠的情人苢哈絲（修訂版）

未來得及描摹的愛情。你的一句告別，讓我多想成為你書頁裡的那片楓紅，被你放置在案頭也好，夾雜在你的故事裡也好⋯⋯

可惜，你不會有那抹心思。

你只會說，說愛我吧。你愛我嗎？

請你原諒我，我愛你至死不渝。

深冬來了，這裡一片白茫，想念起第一次看到《塔吉尼亞的小馬》時的震撼，除了你，別人的書都無法入眼。這夜筆墨濃稠，你在哪裡提筆呢？為你打下手，敲擊著那些不被塵世所沾染，不被世人所荼毒的言語，你不再被誹謗，不再被人妒忌，不再被人誣陷。

你，又變得那麼可愛而放縱。你那源源不斷的熱情，讓天地都為之傾倒。濃濃的夜色，滾燙的酒壺，飲下夜色與酒，看見了你，又看不見你。

唯酒能與你相伴。他們說這是幽閉，這哪裡是呢？

只是太想念你了。想你在身後摟著腰說：「快，給我一點兒力量，親親我的臉。」多想親親你。

你說，許多人以為自己是在寫作，但他們不是作家，他們的文學死了。一塊裹屍布而已。在他們的眼裡，有到處可見的那種刻薄。你愛過那麼多的情人，把那些文字也如情人般對待。因為愛情，你餵養了故事，而愛情，又反過來滋潤了你的文字。

對你而言，死亡是在世界的灰燼上永恆開著的花。

人如草木，榮枯有序，不像密封的酒釀，歷久彌香。它只會在時光的摧毀下，重新滋生，像鑽出地面的嫩芽，拚勁最後的餘力。

第六章　揚‧安德莉亞‧斯泰奈
永遠的情人

只是，再見，亦不是原來。

那抹永恆，歷經絕望、光明、痛苦和重生。這散逸的年華里，你被光陰借去了軀殼，被歲月掩埋在那小小洞穴中。在這荒涼的路上，一步一步走著，來來回回無數。在找尋那抹永恆，那朵不凋零的死亡。

我多想為你寫一封情書

用一張紙包裹思念

折疊在你夢的夏夜

盈盈的水波穿越天幕的距離

劃下七色的宣言

餘溫，懷念，謊言

酸牙的字眼

抵不上有你的流年

沒有你的諾弗勒，沒有了以往的生機，這裡乏善可陳。看見路邊啼哭的嬰孩，想到你說：「這孩子，他就不知道等一等。」望著四周，對著晴空，想說，你這女人，你就不知道等一等。

你喜歡真實，一過了現在，人們就看不到真實了。沒有了你，連真實都無法坦率在你的眼前。回想，那個美妙的午後，你笑容可掬地拿著小煎鍋在烘焙咖啡，你做著拿手的越南菜，大大的眼睛看著周邊的人，你在大笑，你在唱歌，你跳舞，彈鋼琴，你凝視著水塘邊上的扶風弱柳，那一刻沉靜多變的你，真讓人驚奇。

有些風景，放在眼前，並不覺得賞心悅目，而當你稍稍退後一

永遠的情人莒哈絲（修訂版）

步，你又發現它美麗異常，而真正的風景，不是退了一步近了一步的關係，而是它就在那裡，不曾遠去。

你總是不按章法做菜，你說一個人如果有天賦做某事，就有天賦做任何事，包括音樂、果醬、湯，還有你執著的寫作。如果當初你不是選擇寫作，你可能只是歷經愛情、歷經婚姻，埋首於案間，成為洗手做羹湯的婦人。如果那樣，也將不會與你相逢。很多人都說難以和你相處，他們友好而來，最後棄你而去。雖然不和，但是他們對你的才華還是給予了肯定。

會妒忌，會謾罵，你不是那種忍讓的人。你被生活打壓過，但從未退卻熱情。你是莒哈絲，一個人的莒哈絲，大眾的莒哈絲。

你在文學和愛情上都遞交了最好的作品，包括你的兒子，還有你的情人。

在燦爛中死去愛情，在灰燼裡重生你我。

多想再遇見那個女孩。在永隆的餘暉中，她踏沙而來，在夕陽的餘暉中，她用足尖寫著潮汐的名字。在風的嘆息，浪的逐步下，撞上時光的情懷、詩意的熱情……眼波流轉，她不再叱吒風雲，她是婀娜靈巧的姑娘，再次等待芬芳。

第六章　揚・安德莉亞・斯泰奈
永遠的情人

莒哈絲著作列表

小說《厚顏無恥的人》
1943 年 / 布隆出版社，1992 年伽利瑪出版社再版
小說《平靜的生活》
1944 年 / 伽利瑪出版社
小說《抵擋太平洋的堤壩》
1950 年 / 伽利瑪出版社
小說《直布羅陀的水手》
1952 年 / 伽利瑪出版社
小說《塔吉尼亞的小馬》
1953 年 / 伽利瑪出版社
短篇小說集《林中的日日夜夜》（附《蟒蛇》、《多丹太太》、《工地》）
1954 年 / 伽利瑪出版社
小說《街心花園》
1955 年 / 伽利瑪出版社
小說《慢板如歌》
1958 年 / 子夜出版社
戲劇《塞納－瓦茲的高架橋》

永遠的情人莒哈絲（修訂版）

1959 年 / 伽利瑪出版社

小說《夏夜十點半》

1960 年 / 伽利瑪出版社

電影腳本《廣島之戀》

1960 年 / 伽利瑪出版社

電影腳本《如此漫長的缺席》

1961 年 / 與熱拉爾‧雅爾羅合作，伽利瑪出版社

短篇小說《安德馬斯先生的下午》

1962 年 / 伽利瑪出版社

小說《勞兒之劫》

1964 年 / 伽利瑪出版社

戲劇《戲劇（一）》：《水和森林》、《廣場》、《音樂（一）》

1965 年 / 伽利瑪出版社

小說《副領事》

1965 年 / 伽利瑪出版社

電影《音樂》

1965 年 /1966 年 / 與保爾‧瑟邦合作執導

小說《英國情人》

1967 年 / 伽利瑪出版社

戲劇《戲劇（二）》：《蘇珊娜‧安德賴爾》、《樹上的歲月》、《是的，也許》、《沙伽王國》、《一個男人來看我》

1968 年 / 伽利瑪出版社

第六章　揚・安德莉亞・斯泰奈
永遠的情人

小說《毀滅吧，她說》
1969 年 / 子夜出版社
電影《毀滅吧，她說》
1970 年 / 伯努瓦・雅戈發行
電影《黃色太陽》
1970 年 / 伽利瑪出版社
小說《阿巴恩・沙巴納和大衛》
1970 年 / 伽利瑪出版社
小說《愛》
1971 年 / 伽利瑪出版社
電影《娜塔麗・格朗熱》（附《恆河女子》）
1972 年 / 伽利瑪出版社
戲劇電影《印度之歌》
1973 年 / 伽利瑪出版社
電影《恆河女子》
1973 年 / 伯努瓦・雅戈發行
電影《娜塔麗・格朗熱》
1973 年 / 伽利瑪出版社
與克薩維耶爾・高提埃的對談《談話者》
1974 年 / 子夜出版社
電影《巴克斯泰爾，蔽拉・巴克斯泰爾》
1976 年 / 伽利瑪

永遠的情人莒哈絲（修訂版）

電影《加爾各答的荒漠裡她的名字叫威尼斯》

1976 年 / 伯努瓦・雅戈發行

電影《樹上的歲月》

1976 年 / 伯努瓦・雅戈發行

電影《卡車》

1977 年 / 子夜出版社

（附《和蜜雪兒・波爾特的對談》）

1977 年 / 劇本子夜出版社

與蜜雪兒・波爾特合作《瑪格麗特・莒哈絲的領地》

1977 年 / 子夜出版社

戲劇《伊甸影院》

1977 年 / 法蘭西信使出版社

電影《黑夜號輪船》（附《塞札蕾》、《否決之手》、《奧蕾莉婭・斯坦納》）

1978 年 / 法蘭西信使出版社

電影《塞札蕾》

1979 年 / 法蘭西信使出版社

電影《墨爾本奧蕾莉婭・斯坦納》

1979 年 / 法蘭西信使出版社

電影《溫哥華奧蕾莉婭・斯坦納》

1979 年 / 法蘭西信使出版社

小說《薇拉・巴克斯泰爾或大西洋海灘》

第六章　揚・安德莉亞・斯泰奈
永遠的情人

1980 年 / 信天翁出版社

短篇小說《坐在走廊上的男人》

1980 年 / 子夜出版社

《80 年夏》（為《解放報》撰稿）

1980 年 / 子夜出版社

《綠眼睛黑頭髮》電影手冊，312——313 號

1980 年 /1987 年新版

小說《阿嘉塔》

1981 年 / 子夜出版社

電影《阿伽達或無限閱讀》

1981 年

輯錄《外面的世界 I》

1981 年 / 阿爾班・蜜雪兒出版社

錄音磁帶《年輕姑娘和小孩》

1981 年 / 揚・安德莉亞根據《80 年夏》改編，瑪格麗特・莒哈絲朗讀

電影《大西洋人》

1981 年

電影《羅馬對話》

1982 年

短篇小說《大西洋人》

1982 年 / 子夜出版社

戲劇《薩凡納海灣》

永遠的情人莒哈絲（修訂版）

1982 年 / 第一版子夜出版社，1983 年增補版伽利瑪出版社

短篇小說《死亡的疾病》

1982 年 / 伽利瑪出版社

戲劇《戲劇（三）》：《叢林野獸》，根據亨利·詹姆斯小說改編，詹姆斯·洛德和莒哈絲合作改編；《阿斯珀恩檔》，根據亨利·詹姆斯小說改編，莒哈絲和羅貝爾·昂泰爾姆合作改編；《死亡的舞蹈》，根據奧古斯特·斯特林堡的小說改編，莒哈絲改編。

1984 年 / 伽利瑪出版社

小說《情人》

1984 年 / 子夜出版社

小說《痛苦》

1985 年 /P·O·L 出版社

戲劇《音樂（二）》

1985 年伽利瑪出版社

戲劇《契訶夫的海鷗》

1985 年伽利瑪出版社

電影《孩子們》

1985 年 / 與讓·馬斯科洛和讓·馬克·圖里納合作製片

小說《藍眼睛黑頭髮》

1986 年 / 子夜出版社

戲劇《諾曼第海岸的妓女》

1986 年 / 子夜出版社

第六章　揚・安德莉亞・斯泰奈
永遠的情人

《物質生活》（隨筆輯錄）

1987 年 /P・O・L 出版社

小說《艾蜜莉・L・》

1987 年 / 子夜出版社

小說《夏雨》

1990 年 /P・O・L 出版社

小說《中國北方來的情人》

1991 年 / 子夜出版社

戲劇《英國情人》（戲劇版）

1991 年 / 伽利瑪出版社「想像叢書」265 號。

戲劇《揚・安德莉亞・斯坦納》

1992 年 /P・O・L 出版社

戲劇《寫作》

1993 年 / 伽利瑪出版社

《外面的世界II》（由克利斯蒂安娜・布洛—拉巴雷爾輯錄並作序）

1993 年 /P・O・L 出版社

小說《這就是一切》

1993 年 /P・O・L 出版社

《寫作的海》

1996 年 /（埃萊娜・邦貝爾吉的攝影作品）

戲劇《一切結束》

1995 年 /P・O・L 出版社

永遠的情人莒哈絲（修訂版）

《小說、電影、戲劇，1943 年—1993 年回顧》
1997 年 / 伽利瑪出版社
《電視訪談錄》（和皮埃爾・杜馬耶的對談）
1999 年 /EPEL 出版社
《詞語的顏色》（和多明尼克・諾蓋的對談）
2001 年 / 貝諾瓦・雅各出版社

第六章　揚・安德莉亞・斯泰奈
永遠的情人

國家圖書館出版品預行編目資料

永遠的情人茹哈絲 / 王筱瑩著. -- 修訂一版. --
臺北市：崧燁文化，2020.09
　　面；　公分
POD 版
ISBN 978-986-516-474-4(平裝)
1. 茹哈絲 2. 傳記
784.28　　109012975

官網

永遠的情人茹哈絲（修訂版）

臉書

作　　　者：王筱瑩 著
發　行　人：黃振庭
出　版　者：崧燁文化事業有限公司
發　行　者：崧燁文化事業有限公司
E - m a i l：sonbookservice@gmail.com
粉　絲　頁：https://www.facebook.com/sonbookss/
網　　　址：https://sonbook.net/
地　　　址：台北市中正區重慶南路一段六十一號八樓 815 室
Rm. 815, 8F., No.61, Sec. 1, Chongqing S. Rd., Zhongzheng Dist., Taipei City 100, Taiwan (R.O.C)
電　　　話：(02)2370-3310　　傳　　　真：(02) 2388-1990
總　經　銷：紅螞蟻圖書有限公司
地　　　址：台北市內湖區舊宗路二段 121 巷 19 號
電　　　話：02-2795-3656　　傳　　　真：02-2795-4100
印　　　刷：京峯彩色印刷有限公司（京峰數位）

— 版權聲明 —

本書版權為九州出版社所有授權崧博出版事業有限公司獨家發行電子書及繁體書繁體字版。若有其他相關權利及授權需求請與本公司聯繫。

定　　　價：250 元
發行日期：2020 年 9 月第一版
◎本書以 POD 印製